VRICマップ

競争優位のロジックを可視化する

【著】藤原　武
Takeshi FUJIWARA

東京　白桃書房　神田

まえがき

　みなさんは，「戦略ロジック」ということばを聞いたことがあるだろうか。多分，ビジネスパーソンの多くはご存じないのではなかろうか。かくいう筆者も，サラリーマンを経て研究者の世界に入り，経営戦略論を専門とするようになって初めて知った。

　「戦略ロジック」とは，特定の戦略がうまく機能する理由・理屈を意味する。もっとひらたくいうと，企業の戦略が機能している，つまり高い業績をあげているのはなぜか，その理由・理屈である。巷に企業の成功理由を解説したビジネス書はあふれている。それらは確かに，成功の理屈の特徴的なところ，あるいは本質の一部をとらえているかもしれない。しかしそこで素朴な疑問がわいてくる。その内容は本当に成功の理屈の全体像あるいは核心をとらえているのだろうか。なぜなら戦略ロジックは，通常，目に見えない。簡単に見えるのであれば，他社に模倣され，すぐに競争優位は失われてしまうであろう。サン＝テグジュペリの『星の王子さま』（河野万里子訳，新潮社）の中でキツネが王子さまにこういう場面がある，「いちばんたいせつなことは目に見えない」と。また『金子みすゞ童謡集』（ハルキ文庫）にある「星とたんぽぽ」の中の一節に，たんぽぽの根について「見えぬけれどもあるんだよ，見えぬものでもあるんだよ」とある。その目に見えないけれど大切なものを見えるようにする，可視化しようとするのが本書で扱うVRICマップであり，VRICマップの狙いはまさに"Visualize the Invisible"なのである。

　戦略ロジックは，小難しくいうと，企業を競争優位に導く因果対応（論理）の複雑なシステムあるいはネットワークである。その，本来見

i

えない戦略ロジックを見えるようにしよう，つまり可視化しようとする試みがVRICマップという図解マップなのである。VRICマップは，価値提案（Value Proposition），キャッシュ・ジェネレーター（Cash Generator），無形資産（Intangible Assets for key processes），リスクマネジメント（Risk Management）の4つの要素によってビジネスデザインの基本となるマップを描くものである。VRICマップによりライバル会社の戦略ロジックや自社の戦略ロジック（うまく機能していない場合も含む）を可視化することができれば，競争の仕方を含めたビジネスシーンは変わってくるかもしれない。

それでは早速，VRICマップが生まれた問題意識・背景について解説することから始めよう。

1．問題意識：VRICマップ考案の経緯

筆者は，銀行の派遣留学生としてアメリカのビジネススクールに留学しMBAを取得後，銀行に戻り日々の業務に追われる中で，一般書やビジネス書，ビジネス雑誌を中心に研究を続けてきた。その中で，ポジショニング・アプローチ（ポジショニング・ビュー）や資源アプローチ（リソース・ベースト・ビュー）といった戦略論の説得力を感じる一方，それぞれ単独の視点では，なぜ特定の企業は高い業績をあげられるのかという理由を十分に説明できないもどかしさを感じ，統合的なフレームあるいはアプローチが必要であると考えていた。

実務現場からの問題意識

実際，筆者の銀行融資業務経験から，既存の経営理論のフレームワークでは，業績の良い企業と悪い企業のどこが違うのかうまく説明できず，

新規融資あるいは継続融資の判断の根拠を基本的に財務データに頼るしかないという問題があった。必ずしも明確に意識していたわけではないが，この問題を克服するためにも，統合的なフレームあるいはアプローチのようなものが必要と考えた。実務に携わりながら戦略論を研究する中で，多くの経営書を読んだが，これというものはなく，結局，上述の問題を克服するためには，自らが何らかの統合的なフレームワークを考案することが必要だと考えるようになった。

大学教員への転身後の問題意識

その後，大学教員の世界に入り，経営学系の科目を担当する中で，企業の本質のひとつは価値の創造と配分・獲得であることを強く意識するようになった。すなわち，企業業績 P = f (C, A) である (P：Performance，C：Value Creation，A：Value Allocation)。ここで価値 (Value) とは，顧客にとっては顧客価値であり，企業にとってはキャッシュ／利益である。これらを包括的に説明する戦略ロジック（特定の戦略が機能する理由）の重要性を強く認識した。

これらの問題意識の解決のために，戦略分析ツールとして戦略ロジックを可視化する独自のVRICマップを考案するに至ったのである。

2．本書の目的と研究方法

本書の目的

本書の目的は，特定の企業が高い業績をあげている理由を明確に説明するために，その戦略ロジック，すなわち特定の戦略がうまく機能する理由，これを可視化する有効なフレームワークおよび戦略分析ツールと

して，筆者の長年の経験等から作り上げたVRICマップを提示し，その有効性を示すことである。特定の戦略が機能する理由（戦略ロジック）を可視化するためのフレームワーク・ツールは種々あるものの，それらはいずれも一面的であるか，自分で描くには難易度が高いという問題がある。そこで，戦略ロジックを統合的・包括的かつ相対的に易しく可視化できるフレームワーク・ツールとして独自のVRICマップを提示すること，これが本書の目的である。

　ここで改めて戦略ロジックとは，戦略が機能する理由であり，経営戦略の核心である（Saloner, Shepard, and Podolny, 2001；沼上，2006；淺羽・牛島，2010；楠木，2010）。つまり，戦略ロジックとは，戦略に関わる要素が全体としてなぜすぐれた企業業績につながるのかの理由であり，各要素が業績（成果）につながる因果論理（因果関係）を意味している。実際，「経営戦略論という学問は，経営戦略に携わる人々が，よりよいロジックを持つために必要な視点を提供することを目的として発展してきた」（淺羽・牛島，2010, p.16）のである。一方，いつの時代も巷には，成功のための普遍の法則をうたうビジネス書があふれているが，沼上（2006）がいうように，ビジネスに成功のための普遍の法則はないが論理はあるのが現実である。また楠木（2010）がいうように，戦略は因果論理のシンセシス（綜合）であり，「特定の文脈に埋め込まれた特殊解」（楠木，2010, p.14）である。したがって戦略がすぐれた業績につながる因果論理である戦略ロジックが重要になる。

　戦略ロジックを取り扱う領域，つまりアプローチ方法としては，VRICマップの他に視点やスコープ，可視化のレベルは異なるものの，種々のビジネスモデルや事業システムなどがあげられる。ビジネスモデルは一般に顧客価値の創造と利益の創出の仕組みを指し，一方，事業シ

ステムは，顧客に価値を届けるまでの仕組みを意味している。川上（2011）は，ビジネスモデル研究は事業の仕組みを設計するための思考方法であり，事業システム研究は結果として形成された事業の仕組みが構築されるに至った文脈の分析に特徴があると整理している。いずれにしても，戦略ロジックが導く優れた業績をあげるビジネスの仕組みを扱うという点では共通である。

　淺羽・牛島（2010）は，戦略ロジックについて，利益獲得のための①領域，②優位性，③手段・手順における具体的な選択の組合せ，すなわち，いかなる領域でいかなる強みをいかに実現すべきかという問題の解，これは企業によって異なるが，なぜ特定の組合せが機能するのかを説明することとしている。また，その解は，自社という固有な存在にとっての解であり，外部環境要因の何が大事で，自社資源の何が真に強みとなるかは自明でない等の難しさはあるが，ロジックなしでは経営は雑多な選択の寄せ集めに過ぎず，利益という目標に向けて企業を方向付けできないとしている。

研究方法

　VRICマップを提示するために，次のような研究方法をとった。

　①文献調査：先行研究（既存のフレームワーク・理論）および事例分
　　　　　　　析対象企業に関わる著書・記事等

　②事例研究

　なお，VRICマップを用いて実際に分析を行う際には，対象企業の有価証券報告書やホームページ（アニュアルレポート等含む）を基礎として，可能な場合は対象企業の関係者へのインタビューも行い分析を行った。

3．読者対象

　主な読者対象は，ビジネスパーソンの方々および研究者である。また，主に想定しているVRICマップの作成者およびその目的は，次の通りである。第1に実務家である企業の経営者・経営幹部・経営企画担当者である。その作成目的は主に競合分析である。第2に実務家である経営コンサルタントや金融機関の融資担当者である。その作成目的は，前者はコンサルティング業務であり，後者は融資判断に資するためである。第3に，経営戦略論の研究者・学者があげられる。その作成目的は研究そのものである。

4．本書の構成

　本書は，Ⅱ部により構成されている。第Ⅰ部第1章ではVRICマップの基本となる論理やVRICマップの作成方法について説明している。第2章では，しまむら，ユニクロ，ポイント，および国内空調機器メーカー2社の，VRICマップによる分析を通して，VRICマップの有効性を検証している。

　第Ⅱ部では，VRICマップの理論の詳細について説明している。第4章では，先行研究の概観および問題について考察している。先行研究を検討した結果，戦略ストーリー以外は，戦略ロジックがよく見えず，また，戦略ストーリーは自分で描くには難易度が高いことが問題としてあげられた。第5章では，競争戦略論におけるVRICマップの位置付けと意義について考察している。第6章では，VRICマップと他の諸概念との関係について考察している。

　ビジネスパーソンの方はまず，第Ⅰ部を興味・関心に応じて読んでい

ただき，より理論面での理解を深めたい方には，第Ⅱ部も読んでいただ
ければよい。研究者の方は，第Ⅰ部第1章（理論概説），第Ⅱ部（理論詳
説），第Ⅰ部第2章の事例分析の順で読んでいただくのが，わかりやす
いかもしれない。

5．本書の意義

　本書では，戦略ロジックを可視化するひとつの有効なフレームワーク，
戦略分析ツールとして「VRICマップ」を提示した点に意義があると考
える。また誤解を恐れずいうならば，Porterの5フォースモデル以降，
実務家が経営理論を実際に使えるようなフレームワークは提示されて来
なかったことからも本マップの提示には意義がある。

　有効なフレームワークおよびツールとしてのVRICマップについて，
実務家と研究者の2つの視点からまとめた具体的な意義は次の通りであ
る。

実務家の視点

・経営戦略論の代表的な2つのアプローチ（ポジショニング・アプロ
ーチと資源アプローチ）を統合・実践する戦略分析ツールであるこ
とから，自社および競合他社の戦略ロジックを分析するためのツー
ルとして利用できる。

・他業界の企業のマップを作成すれば，他業界企業からも学ぶことが
可能である。

・自社のVRICマップを描くことで，戦略ロジックを意識していない
部分も含め，自社の戦略ロジックを明確にすることができる。それ
により現在事業がうまくいっていても，今後のどのような環境変化

に弱いのかのヒントが得られる。一方，事業がうまくいっていない場合は，VRICマップがうまく描けないか，描けたとしても意図したとおりに稼働していないということである。さらに業績が低迷しているのであれば，競争優位ではなく競争劣位につながるネガティブ（逆）VRICマップが描けるはずである。そこから改善の糸口が見えてくる可能性がある。

・戦略ロジックを可視化する一方，戦略ロジックに関する自分の考え方（経験・知識に基づく）を可視化する側面もある。すなわち，作成者の経験・知識を映し出す鏡でもある。

・戦略策定においては，直観等に基づく戦略構想をマップに描くことで，論理的に突き詰め，構想をさらに彫琢し，練り上げることが可能である。さらに，戦略を実行する前にそれが現実に機能するかどうかある程度，論理的に検証することも可能である。当然ではあるが，戦略は仮説であるから，実際にやってみなければわからない側面は大きいが，本マップを使って事前にある程度検証することで成功する可能性を高めることはできる。さらにこの戦略策定に役立たせる可能性については，具体的な方法としてSWOT分析との組合せが考えられる。

　以上，まとめると，VRICマップにより，敵を知り己を知ることで百戦危うからずにすることも可能になる。また，他業界も含め他社の戦略ロジックから学ぶことができ，加えて自社の戦略策定の精度をあげることも可能である。吉田満の『戦艦大和』（角川書店）のセリフに「進歩のない者は決して勝たない　負けて目ざめることが最上の道だ　日本は進歩ということを軽んじ過ぎた」（下線筆者）とある。VRICマップを活用し，敵を知り己を知り，さらに他業界から学習することで進歩するこ

とができれば，競争戦略の目的である長期利益獲得の可能性が高まる。まさに，VRICマップは，ビジネスシーン（競合状況やビジネスの様相など）を変えていくことができるマップなのである。

つまり，VRICマップの効用は，その作成によってまず見えてくる景色（ビジネスシーン）が変わって見えること，さらにVRICマップから学習して行動を起こすなら，それによってまたビジネスシーンが変わってくるということである。

研究者の視点

・ポジショニング・アプローチと資源アプローチの２つの視点を持った戦略ロジックの分析フレームとして利用できる。
・本フレームを利用することで，戦略ロジックに関する数多くの事例研究がスムーズに行える。また具体的には，VRICマップTypeⅠにより企業間比較および異なった業界との比較が容易となる。さらに，後述のVRICマップTypeⅡにより特定企業の戦略ロジックのより深い分析が可能となる。これらにより新たな知見探究の素地が醸成されると考えられる。まさに戦略ロジックの全体像をわしづかみにする分析フレームとして期待できるのである。

謝辞

本書は，筆者の博士論文をベースにして執筆したが，論文作成のご指導をいただいた長崎大学大学院経済学研究科の林徹教授，岡田裕正教授，同大学の村田省三名誉教授には様々な有益なアドバイス・ご支援をいただいた。また，論文審査にあたり，同大学大学院経済学研究科のウマリ・セリヤ・ロペス教授，中国南開大学経済学院の薛軍教授には，有益

なご助言・ご指導をいただいた。また本書の出版に関し，白桃書房の平
千枝子氏，金子歓子氏のご尽力に感謝したい。

　最後に，亡父は，挑戦することの大切さを教えてくれた（バーナード
の『経営者の役割』の献辞にあるように）。母は，筆者が現在の職場に
移って以来，博士号取得成就を案じてくれた。妻は，いつも心に安定を
もたらしてくれた。心から感謝していることを記しておきたい。

　2018年 9 月

藤原　武

目　次

まえがき

第Ⅰ部　VRICマップの基本

第1章　VRICマップの論理 ……………………………………… 3

1．VRICマップ　3

1．VRICマップの2つのタイプ　4
2．VRICマップの基本4要素　6
3．VRICマップの基本4要素の対応関係と必要十分性　12
4．VRICマップの制約条件　15
5．VRICマップの定義と意義　16

2．VRICマップの作成方法　18

●参考「ハニーズを分析してみよう」　25

第2章　VRICマップによる事例分析 ………………………………31

1．国内アパレルメーカー・小売業3社の事例分析　32

1．3社の財務指標とその特徴　32
2．しまむら　35
3．ユニクロ　41
4．ポイント　48

2．国内空調機器メーカー2社の事例分析　52

xi

1．A社の概要と計数　53

2．A社のVRICマップ　55

3．B社業務用空調事業部門の概要　60

4．B社業務用空調事業部門のVRICマップ　60

3．まとめ　64

1．共通に見られる特徴　64

2．VRICマップの貢献　64

3．VRICマップの産業横断での適用可能性　67

第Ⅱ部　VRICマップの理論

第3章　キャッシュ・ジェネレーターとリスクマネジメント……73

1．キャッシュ・ジェネレーターの定義　74

1．基本的な利益式の考え方　74

2．利益，WTPおよび競争優位　75

3．キャッシュ・ジェネレーターの具体的内容　76

2．リスクマネジメントの重要性　81

1．成功要因・失敗要因への分析アプローチ　82

2．RMの重要性をふまえたVRICマップアプローチの有効性　85

3．まとめ　88

第4章　先行研究………………………………………………91

1．先行研究の概観　91

1．競争戦略に関わる分野の先行研究　91

2．ビジネスモデルに関わる分野の先行研究　93

2．先行研究の問題　95

　　1．競争戦略に関わる分野の先行研究の問題　95

　　2．ビジネスモデルに関わる分野の先行研究の問題　98

3．まとめ　98

第5章　競争戦略論におけるVRICマップの位置付けと意義 ···· 101

1．競争戦略論の区分における主要先行概念の位置付け　101

2．競争戦略論の区分におけるVRICマップの位置付け　105

　　1．VRICマップの位置付け　105

　　2．ポジショニング・アプローチと資源アプローチとの関係　106

3．VRICマップと諸概念の特徴の比較　106

4．VRICマップの意義と特徴　111

　　1．VRICマップの意義　111

　　2．VRICマップの特徴　114

第6章　VRICマップと他の諸概念との相対的関係 ··············· 117

1．VRICマップのポジショニング　118

　　1．システム開発プロセス（ウォーターフォール・アプローチ）のア
　　　ナロジーの活用　118

　　2．2次元マッピング　121

　　3．3次元マッピング　123

2．インプリケーション　124

3．VRICマップのポジショニングの評価　126

4．まとめ　128

第7章　VRICマップの可能性と展望 ································· 129

あとがき

参考文献

事項索引・人名索引

第Ⅰ部
VRICマップの基本

第1章

VRICマップの論理

　本章では，VRICマップの基本的な論理を説明する。まず第1節では，2つのタイプのVRICマップの図を提示し，VRICマップの構造を視覚的にとらえていただいた上で，VRICマップを構成する基本4要素を説明する。続いてVRICマップの基本4要素の対応関係と必要十分性について述べた上で，VRICマップの制約条件に言及する。最後に，VRICマップの定義と意義について説明する。

　第2節では，VRICマップの作成過程および作成手順を示す。

1．VRICマップ

　まえがきでも述べたが，「戦略ロジック」とは，特定の戦略がうまく機能する理由・理屈を意味する。戦略ロジックは，小難しくいうと，企業を競争優位に導く因果対応（論理）の複雑なシステムあるいはネットワークである。その，本来見えない戦略ロジックを見えるようにしようとする試みがVRICマップという図解マップなのである。まさに，競争優位のロジックを可視化するフレームワークである。

　具体的には，VRICマップは，価値提案（VP：Value Proposition），キャッシュ・ジェネレーター（CG：Cash Generator），無形資産（IA：

3

第Ⅰ部　VRICマップの基本

Intangible Assets for key processes)，リスクマネジメント（RM：Risk Management）の4つの要素によってビジネスデザインの基本となるマップを描くものである。

1. VRICマップの2つのタイプ

VRICマップには，あくまで4つの基本要素間の因果対応だけを示したTypeⅠの基本形（図1-1）と，基本要素の中にある個別要素間の因果対応を示したTypeⅡのフロー型（図1-2）の2種類のフレーム[1]がある。

TypeⅠ（基本形）とTypeⅡ（フロー型）の構造・目的（使途）の違

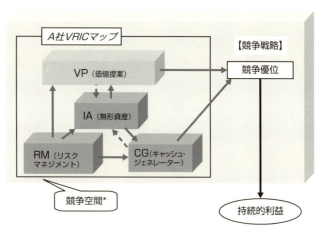

図1-1　VRICマップTypeⅠ（基本形）の概念図

いは次の通りである。

　Type I（基本形）は，4つの基本要素（VP，CG，IA，RM）のカテゴリー間の因果対応のみを示すことで，他社との比較を容易にしている。すなわち，例えば自社と他社を比較する場合，基本要素間の因果対応や，それぞれのカテゴリーにどのような個別要素があり，どこが違い，どこが同じ（共通）なのかを視覚的にとらえ易くしている。そうすることで，複数企業間の比較や業界・時間を超えての比較を容易にし，学習することが可能になるのである。

　一方，Type II（フロー型）は，戦略的ポジショニング（SP）を加え，そのSPおよび個別要素間の個々の因果対応を示すことで，詳細な戦略

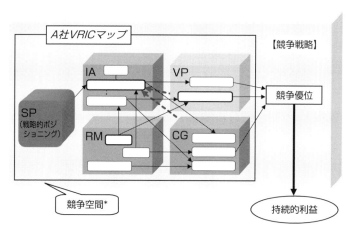

*ここで競争空間は，VP，IA，CG，RMに影響を与える要素の集合空間とする。
**ここで描かれている矢印は因果対応の一例であり，実際には企業によって異なるため，マップ作成時に自身で描くことになる。

出所：藤原（2013b）を修正

図1-2　VRICマップType II（フロー型）の概念図

ロジックを明らかにできる。ただしこのType Ⅱは個別に企業の戦略ロジックを追うには適しているが，マップが複雑過ぎて他社と比較するには向かない。

なお，Type Ⅰ とType Ⅱにおいて基本要素の配置が異なるのは，Type Ⅰは基本4要素間の関係性を配置に表しており，Type Ⅱは個別要素間の対応関係のネットワークが競争優位へどうつながっていくかを左から右への流れ（フロー）で表しているからである。

これら2つを合わせて用いることで，個社の戦略ロジックをより深く理解するとともに，数多くの企業，業界間で比較し学習することができるのである。よくあるのは，「個社については，よくわかった」で終わり，そこからの学習が自社に生かされないパターンである。

なお，ここで，VPは顧客の視点（Customer Perspective）に立ったものであり，IA，CG，RMは企業の視点（Company Perspective）に立ったものである。

2．VRICマップの基本4要素

ビジネスデザインの中核となる要素については種々の考えがある（Johnson, Christensen, and Kagermann, 2008; Osterwalder and Pigneur, 2010など）。必要十分な要素への絞り込みと整合的な可視化の実現の観点から，筆者は，価値提案（VP：Value Proposition），キャッシュ・ジェネレーター（CG：Cash Generator），無形資産（IA：Intangible Assets for key processes），リスクマネジメント（RM：Risk Management）の4つの要素によって，ビジネスデザインの基本となるマップを描くことが可能だと考える（e.g., 藤原，2008, 2011b, 2013b）。VRICマップは，これら4つの要素間の因果対応（因果関係）を矢印で

表すものである。どのような価値提案を行い，どのようにキャッシュ／利益を生み出していくのか，それらはどんな無形資産に基づき行われ，これらに関わるリスクをどのようにマネジメントしていくかの問いに答えることが，ビジネスデザインの基本であり，VRICマップがその可視化を可能にする。

なお，Type II のSP（戦略的ポジショニング）は，VRICの起点になるもので，いわばビジネスとして「何をどのように提供するのか」等のコンセプトを示すものである。Type II では，このSPから始まってどのようなVRICの因果対応のシステム／ネットワークが競争優位につながっているのかを示している。SPはもちろん重要ではあるが，同じSPでもVRICの組合せには多数考えられ，逆にVRICの組合せがSPを規定する側面もあり，あくまで肝はVRICの組合せにある。

ところで，VRICの名称（V，R，I，Cの順番）については，後述の通り，論理的な流れは，V，C，I，Rの順であるが，あえてVRICとしたのは，名称として覚えやすいからである。ためしにVCIRとVRIC（ブリックと読む）をそれぞれ3度唱えていただきたい。VCIRは3度唱えても覚えられないが，VRIC（ブリック）なら3度唱えれば簡単に覚えられるであろう。

以下，VRICの順ではなく，VP，CG，IA，RMの順に説明していく。その理由は，第1に価値提案（VP）が企業の存在価値／理由そのものであり，すべてはここから始まるからである。第2にキャッシュ・ジェネレーター（CG）は，企業行動の最終結果であるキャッシュ／利益を生み出す仕組みである。企業が存続し，発展していくためには，キャッシュ／利益を生み出していかなければならず，問われるべきは成果（結果）である。第3に無形資産（IA）は，価値提案やキャッシュ・ジェ

第Ⅰ部　VRICマップの基本

ネレーターを実現するカギとなるプロセスのための資源であり，競争優位の源泉である。いわばVPやCGの裏付けである。第4に，リスクマネジメント（RM）は，リスクすなわち，企業が意図したキャッシュフローの実現を妨げる不確実性（キャッシュフローのばらつき）を制御しようとするものであり，VP，CG，IA全体に関わるものなので，最後にくる。ビジネスの論理的な流れを踏まえると以上のような説明の順序となるわけである。

▶価値提案（VP）

　価値提案（VP：Value Proposition）[2]は，第一義的に，顧客への価値提案である。これはすべての前提となるものであり，企業の存在価値／理由そのものである。顧客に価値を提供しない企業は存続しえない。そして価値提案は最終的には，実現された顧客価値である。この中身を簡単な式で表すと以下の通りである。

Customer Delivered Value ＝<u>Perceived</u> Customer Benefits

－ <u>Perceived</u> Customer Costs[3]

　多くの場合は，Customer Value ＝ Customer Benefits － Customer Costsと表記されるが，ここでは正確を期すため，上記の式をあげている。すなわち "Perceived（認識された）" としたのは，ベネフィットにしてもコストにしても，絶対的尺度のものではなく，顧客の認識・理解に基づく評価だからである。たとえば，monetary cost（金銭的コスト＝価格）にしても，金額として絶対的なものであっても実際には，対象となる製品・サービスに対する顧客のニーズや資金的な状況によって，顧客が認識する重さは異なる。さらに，この認識は，競合他社の価値提案との競争の枠組みの中で，相対的に認識・評価されるのである。また，

8

顧客が価値を決める方法は，製品・市場つまり顧客セグメントによって異なる。したがって，価値提案は誰に対してどのような価値を提案するかが重要であり，誰に対してかを明確にする必要がある。

▶キャッシュ・ジェネレーター（CG）

キャッシュ・ジェネレーター（CG：Cash Generator）は，キャッシュ／利益を生み出す仕組みである。企業が存続し，発展していくためには，キャッシュ／利益を生み出していかなければならない。企業は社内のいわゆるビジネスシステムのどこかに利益の源泉を持たなければならない。ビジネスシステムのうち，設計／開発・調達・製造／生産・マーケティング・流通・販売・保守／サービスのどこで活動し（どこを自社が担当し），どこに利益の源泉を求めるかである。なお，キャッシュ・ジェネレーターは筆者の造語であり，その詳細については，第3章で説明する。

▶無形資産（IA）

無形資産（IA：Intangible Assets for key processes）は，価値提案やキャッシュ・ジェネレーターを実現するカギとなるプロセスのための資源であり，競争優位の源泉であると同時に，過去，現在，未来のビジネスデザインをリンクする重要な要素でもある。

無形資産は，企業価値の大半を占めるようになっている。たとえば，ブルッキング研究所によれば，1989年における有形資産で説明される企業価値のウエートは30％，一方の無形資産は70％を占めている[4]。また，Kaplan and Norton（2004）によれば，2002年には，無形資産が企業価値の75％以上を占めている[5]。

伊丹（2003）は，情報的な経営資源を見えざる資産[6]（無形資産）と

し，これを競争優位の源泉および企業成長のキーと位置付けた。伊丹（2003）は，見えざる資産（無形資産）が重要な理由として，①競争優位の源泉として，②変化対応力の源泉として，③事業活動が生み出すものとして，の３つをあげている。③の理由がビジネスデザイン上，特に重要である。なぜなら，事業活動を通して，見えざる資産に一層磨きがかかること，見えざる資産は現在利用されると同時に将来への蓄積となること，いう二面性を持つからである。後者は，事業活動が無形資産の将来への蓄積を規定する一面があることを意味している。また，見えざる資産が，競争優位の源泉になりやすい理由として，この資産が持つ３つの性質，すなわち①カネを出しても買えないことが多いこと（自分でつくるしかない），②つくるのに時間がかかること，③複数の製品や分野で同時多重利用ができること，をあげている。ただし，伊丹（2003）ではプラスの側面だけをとりあげているが，実際にはマイナスの側面，すなわち逆に競争劣位の源泉になる可能性もあることに留意が必要である。たとえば，環境の変化等によりCore Competencies（コア・コンピタンス）がCore Rigidities（コアの硬直性）に転化するケースである。

　VRICマップではまた，無形資産が競争優位の源泉であると同時に，ビジネスデザインを過去から未来につなぐリンク・キー（リンクする重要な要素）であると考える。このリンク・キーの内容は，たとえば企業成長や事業展開に利用される優位性の高い独自技術やブランド等の無形資産である。

▶リスクマネジメント（RM）

　４番目のリスクマネジメント（RM：Risk Management）はリスク，すなわち企業が意図したキャッシュフローの実現を妨げる不確実性

(キャッシュフローのばらつきなど) を制御しようとするものである。リスクのどの側面を対象とするかにより，リスクマネジメントは2つに分けることができる。第1はリスクのダウンサイド側，つまり損失発生面を対象とするものである。信用リスクやシステムリスクの管理，災害等の危機管理はこのタイプの典型的な例である。ここでの目的は損失リスクの最適化である。第2は，リスクのアップサイド側つまり収益発生面に焦点を当て，損失面のリスクをマネジメントしながら，積極的にリスクをとって収益をあげようとするものである。なお，リアル・オプションの考え方[7]も，ダウンサイドのリスクを抑えながらアップサイドのチャンスを逃さないようにしようとするという点では，第2のリスクマネジメントといえる。いずれにしても，企業の存続（継続）に不可欠な要素である。

ビジネスにおいて何かを得ようとすれば，図1-3の「RRCのトライアングル」は最低限考えなければならないし，その呪縛から逃れる術はない。ここでRRCとは，Revenue（収益・売上），Risk（リスク・不確実性），Cost（コスト）である。企業はリスクを取ってコストを払ってこそ収益・売上をあげることができ，その結果，利益（＝収益・売上－

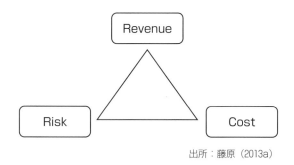

出所：藤原（2013a）

図1-3　RRCのトライアングル

コスト）を得ることができる。つまり，戦略を策定・実行する上で，RRCは必ず考えなければならない要素であり，それを最小限の構成要素で取り込んだのが，VRICマップである。VP（価値提案）がRevenue（収益・売上）に，CG（キャッシュ・ジェネレーター）がRevenueとCost（コスト）に，RM（リスクマネジメント）がRisk（リスク・不確実性）に対応し，IA（無形資産）はVP，CG，RMのベースにあるものである。

　VRICマップは絶対に切り捨てることのできない要素のみで構成している。大競争時代で不確実性の高い現代においてリスクを考えること，すなわちリスクマネジメントを行うことは，より重要となっている。ビジネスで成功するためには，失敗しないことが前提であり，そのためには，いくつもの落とし穴を避けていかなければ，つまり，特定の戦略に係るリスクマネジメントを行わなければ，成功というゴールに行きつくことはおぼつかない。

　以上をまとめると，VRICマップのフレームで考えるビジネスデザインの定義は，「企業のIAを活用し，VPを含めたそのユニークなポジションを構築し，リスクをマネジメントし（RM），結果としてキャッシュ／利益を生み出していく（CG）デザイン」である。

3．VRICマップの基本4要素の対応関係と必要十分性

　VP，IA，CGおよびRMの基本的な対応関係は，図1-4「VRICマップ　Type0（原型）：各要素間の対応関係」のように考えられ，これがVRICマップの原型である。顧客価値の創造と企業にとっての価値（キャッシュ／利益）配分・獲得が企業の本質のひとつであるから，ま

第1章　VRICマップの論理

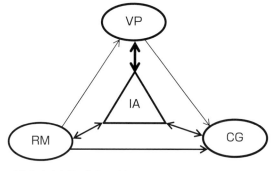

*重要な意味を持つ矢印ほど太い

出所：筆者作成

図1-4　VRICマップType 0（原型）：各要素間の対応関係

ずVPがビジネスデザインの第1の必須要素であることには，誰も異論はないであろう。加えて，VPはポジショニング・アプローチにおける重要なひとつのポジショニングである。

　第2にこのVPを実現し，競争優位につなげていくには，VPのベースとなるIAが必要である。IAはまた，資源アプローチにおける持続的な競争優位を実現するための必要な資源（リソース）でもある。さらにVPを実行することにより関連するIA，特に情報的資産（ノウハウや知識等）が蓄積され，IAに一層磨きがかかってくる。この相互関係は，持続的な競争優位を確保する上で特に重要である（図1-4，VP・IA間の双方向矢印）。

　第3に，上述の企業の本質にあるように，企業にとっての価値（キャッシュ／利益）配分・獲得を行うのが，CGである。当然であるが，VPが売上，キャッシュ／利益を生み出す源泉となる（図1-4，VPからCGへの矢印）。またVPとIAの関係と同様にCGのベースとなるIAが必要であると同時に，CGに関連するIA，特に情報的資産（ノウハウや知

第Ⅰ部　VRICマップの基本

識等）が蓄積されることで，IAに一層磨きがかかってくる（図1-4，CG・IA間の双方向矢印）。

　第4に，すべてのリターンにはリスクがある。すなわち，期待するキャッシュフローの実現およびその前提となるVPの実現をさまたげる種々の要素や不確実性，つまりリスクが存在する。したがって，それらのリスクをマネジメントするRMが必要である。またVPとIA，CGとIAの関係と同様にRMのベースとなるIAが必要であると同時に，RMを実行することにより関連するIA，特に情報的資産（ノウハウや知識等）が蓄積され，IAに一層磨きがかかってくる（図1-4，RM・IA間の双方向矢印）可能性がある。ここでは特に，VP・CGのベースとなるIAの維持のためのRMが重要である。またIAを介するのではなくVP・CGへの直接のRMの可能性もある（図1-4，RMからVP，CGへの矢印）。たとえば，RMからVPについては，ブランドイメージの一貫性確保のためのRMが考えられる。また，CGを維持するためのRM（図1-4，RMからCGへの矢印）が重要になる場合がある。たとえば，仕入れ型小売業に対しSPA（製造小売業）は，製造を統合することでリスクをとってリターンをあげることを意図したビジネスであるが，ここでのRMは，まさにCGに対するRMである。

　このように，4つの基本要素がそろって初めてビジネスデザインの基本が成り立つことになる。

　また，コスト対ベネフィットの観点からも，これらの4要素が最適のポイントと考えられる。すなわち，さらに別の要素を加えてモデルを複雑化することはできるが，それにはコストが伴う。コストとは，①他の要素を考える手間，②要素が増えることによって焦点がぼやけてくること，③人が一度に直感的に理解できる要素としては4から5程度が限界

第1章 VRICマップの論理

と考えられそれを超えると思考が煩雑になること，である。一方，ベネ
フィットとしては，①説明力が増すこと，②事業環境の要素を加えれば
より動態的にとらえられ長期のスパンで考えられること，があるが，こ
れらのコスト対ベネフィットを考えた場合も，戦略ロジックを可視化す
る上で，この4つの基本要素が最適のポイントであり，必要十分である
と筆者は考える。

　戦略と同様に，モデルの構成要素には捨象（本質以外のものは捨て
る）と集中（本質に集中する）が肝要と考える。

4．VRICマップの制約条件

　VRICマップには，次の2つの制約条件を設けている。これらの制約
条件の範囲内であれば，4要素で必要十分であるといえる。

　第1に，5年程度の時間軸である。財務分析の場合，5年間の財務指
標が良好であれば，たまたま運よく業績が良いのではなく，戦略がきち
んと機能している，すなわち戦略ロジックがあると考えられる。一方，
5年を超える長期になると環境が変化し，適切な戦略自体も変わってし
まう可能性が大きいので，VRICマップが可視化する戦略ロジックは，
5年の時間軸で考えている。実際，多くの企業の中長期計画も3年から
5年のスパンである。時間を限ることで，競争空間やドメインは，所与
のものとして検討要素からはずすことができる。この意味で，VRIC
マップの制約としては，一定の期間の戦略ロジック可視化のツールで
あって動態的なものではないことがある。

　第2に，事業戦略のみを対象にすることである。VRICマップはあく
まで事業戦略が対象であるので，多角経営への拡大戦略などの全社（企
業）戦略は，スコープ外である。

15

第Ⅰ部　VRICマップの基本

5．VRICマップの定義と意義

　　第Ⅱ部でVRICマップの理論については詳述するが，ここでVRICマップの定義と意義を簡潔に述べておく。第1に，VRICマップの物理的定義は，「4つの要素からなるビジネスデザインの基本マップ」である。第2に，マップの機能的定義は，「戦略ロジックを可視化するための精度の高い（よく見える）かつ扱いやすい概念レンズを目指したもの」である。すなわち研究者や実務家から見て，先行概念と比べて「精度の高いかつ扱いやすい概念レンズ」である。

　　この「精度の高い（よく見える）」こととは，具体的な因果対応の全体像がつかめること，経営の必須要素である「RM（リスクマネジメント）」を取り込んでいること，複数企業のマップを比較することができること，である。

　　また「扱いやすい概念レンズ」であることとは，マップの作成が容易でかつ理解も容易であり，一部の大変高度な経営理解力のある経営者等しか扱えないということがないことである。

　　VRICマップの機能的定義から考えられる意義を実務家と研究者の2つの視点からまとめると，次の通りである。

▶実務家の視点

- ・2つのアプローチ（ポジショニング・アプローチと資源アプローチ）を統合・実践する戦略分析ツールであることから，自社および競合他社の戦略ロジックを分析するためのツールとして利用できる。
- ・他業界の企業のマップを作成すれば，他業界企業からも学ぶことが

可能である。

・戦略ロジックを可視化する一方，戦略ロジックに関する自分の考え方（経験・知識に基づく）を可視化する側面もある。すなわち，作成者の経験・知識を映し出す鏡でもある。

・戦略策定においては，直観等に基づく戦略構想をマップに描くことで，論理的に突き詰め，構想をさらに彫琢し，練り上げることが可能である。さらに，戦略を実行する前にそれが現実に機能するかどうかある程度，論理的に検証することも可能である[8]。当然ではあるが，戦略は仮説であるから，実際にやってみなければわからない側面は大きいが，VRICマップを使って事前にある程度検証することで成功する可能性を高めることはできる。さらにこの戦略策定に役立たせる可能性については，具体的な方法としてSWOT分析との組合せが考えられる。

▶研究者の視点

・ポジショニング・アプローチと資源アプローチの2つの視点を持った戦略ロジックの分析フレームとして利用できる。

・本フレームを利用することで，戦略ロジックに関する数多くの事例研究がスムーズに行える。また具体的には，VRICマップTypeⅠにより企業間比較および異なった業界との比較が容易となる。さらに，VRICマップTypeⅡにより特定企業の戦略ロジックのより深い分析が可能となる。これらにより新たな知見探究の素地が醸成されると考えられる。まさに戦略ロジックの全体像をわしづかみにする分析フレームとして期待できるのである。

第Ⅰ部　VRICマップの基本

2．VRICマップの作成方法

　VRICマップが戦略ロジック可視化のための実際的に有効なツールであるためには，その作成がある程度容易である必要がある。作成が困難であれば，競争下，早い意思決定を迫られる経営者等には有用なツールにならない。そこで本節では，VRICマップの作成の容易性を示すため，作成過程について説明する。作成過程が普通に再現可能であれば，作成が容易であるといえる。VRICマップの作成過程は，以下の通りである。

▶ステップ1：情報収集

　分析対象企業の情報・データ収集を行う。収集する企業の情報・データは，当該企業の財務および戦略に関わるものである。財務データについては，戦略の観点から，特に売上，本業のもうけをあらわす営業利益および売上高営業利益率に注目する。戦略については，特にどのような競争優位，つまり差別化優位やコスト優位を目指して，どのような戦略を展開しているのかといった点を意識して収集する。

　情報収集の方法としては，たとえば文献調査，企業のホームページに記載の企業・財務情報の収集，可能であれば企業の現場の視察（小売業なら店舗や売り場，製造業であれば工場など）や企業関係者へのインタビューなどがある。

▶ステップ2：VRICの基本4要素別のリストアップ

　収集した情報をVP，CG，IA，RMの4つの要素カテゴリーに分けてリストアップする。まずは重複等のこまかいところは気にせず，一通りリストアップする。

具体的な方法としては，ホームページ等からプリントするなどして収集した資料等の中でVRICの要素カテゴリーに該当すると思われる事項に鉛筆で下線をひき，ページの余白等にこれはVP,CG,IA,RMと記入していく。これらをもとに，重複等の細かいところは気にせず，一通り基本要素別に該当事項をリストアップしたリストを作成する。

▶ステップ3：リストの整理・まとめ

次に，基本要素内の各個別要素の重複，基本要素間での個別要素の重複を整理するとともに，いくつかの主要要素（キーワード）にまとめていく。VRICマップの各基本要素ごとに上限約5要素までにまとめる，あるいは最重要なものに絞り込む。

▶ステップ4：VRICマップTypeⅠへのマッピング

まとめた，あるいは絞り込んだ個別要素をTypeⅠにマッピングしていく。通常この段階では要素数が多いので，できればここでマップ全体を見て，さらに要素のまとめ・絞り込みを行う。

▶ステップ5：VRICマップTypeⅡへのマッピング

ステップ4でマッピングした各要素をTypeⅡにマッピングし，各要素の因果対応関係を矢印で表示するのと併せ，重層構造等も線で表示する。ここで，コアとなるIAを構成しているのかあるいは，複数の要素が，重なり合い互いに作用しあって現象としてコアとなるIAを実現しているのかを実線で表示，要素の背景となっているものは破線で表示する。これらの因果対応関係や重層構造等が重複していたり，うまく表示できなかったりしたものは見直す。つまり，TypeⅡにマッピングすることで対応関係等が適切なものかをチェックし，対応関係等が適切になるよう各要素を見直しTypeⅠに見直した要素で再マッピングし，さらにTypeⅡに再マッピングする。必要であればこの作業を繰り返し，適

切かつわかり易いマップに仕上げていく。なお,関係が複雑で重層構造等がわかりにくいものは,マインドマップを使って要素および要素間の関係を整理するとうまくいく場合がある。

VRICマップ作成時に注意すべき点としては,グローバルベースで活動している事業を対象とする場合に,「競争空間」の設定をどうするかである。すなわち,限定的な特定の国内市場か,それとも国際市場を含むのかを検討・決定し,それを明確にしておく必要がある。国内市場と国際市場では所与とする競争空間が大きく異なるからである。

また重要なポイントは,ステップ4および5で重層構造等を考える上での,「現象」という視点である。複数の要素が絡み合ってあるいは

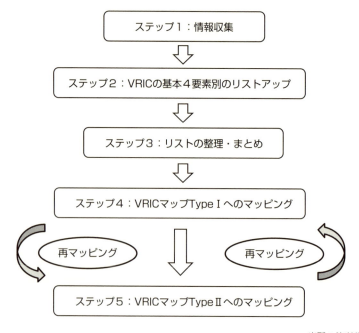

出所:筆者作成

図1-5　VRICマップ作成手順のフローチャート

セットになってひとつの要素のように見えるもの，つまり「現象」を引き起こしているのではないかと考えることが，重層構造等を解き明かす重要な切り口となることがあるからである。

　なお，ステップ1～3は，かなり機械的に実行できる。しかし，ステップ4および5，特に5のステップでは，作成者の経験やセンスに一部依存する部分がある。経営に経験やセンスが必要なように，マップを描く，つまり戦略ロジックの核心をマッピングするにもそれ相応の経験やセンスが最終的に必要であろう。誤解を恐れずにいえば，著名な画家が，それぞれのやり方でものの本質・核心を抉り出して名画といわれるものを描くような一面がある。ただし，画家と異なり研究者・実務家にとっては，名画を描くことが必要なのではなく，ある程度のレベルに達したマップを描けることがまず重要である。経験・訓練等を積めば，それ相応の絵が描けるように，それ相応にマップが描けるようになるはずである。描くこと自体が目的ではなく，研究者は描くことで戦略ロジックを明らかにすることが目的であり，実務家はその上で，それらを自社のビジネスにおいていかにすべきかに反映していくことがその目的であるはずである。

　結論として，マップの作成過程は普通に再現可能であり，当マップの意義のひとつである戦略ロジックを見るあるいは見えるようにする概念レンズ[9]として重要な「可視化の試み」の証左となるものである。

　VRICマップの作成過程はブラックボックスではなく，一定の手順を踏めば再現可能なものであり，経営に関わる経験・知識に応じてマップは相応に作成できるものである。つまり，一部の者しか作成できない特殊なものではなく，この手順を踏めば，経営に関わる経験・知識あるいは，ある程度の訓練を前提にして，それらに応じて誰でもマップは相応

第Ⅰ部　VRICマップの基本

に作成できるのである（作成の容易性）。「それらに応じて」を言い換えると，マップ作成の実践を通じて，作成者の論理的思考の洗練度がマップに映し出されるという性質あるいは現実的な意義をマップは持っているといえよう。

注

1　業界全体に視野を広げると，ひとつの競争空間の上に，A社のVRICマップの他にも競合他社のVRICマップが載っていることをイメージすることができる。

2　日本語としては「価値提案」ではなく「価値提供」の方がしっくりくる場合も多いが，Kaplan and Norton（2004）の邦訳に見られるように，「価値提案」が和訳の定説になっているようなので，ここでも「価値提案」としている。

3　Kotler（1997）pp. 38-39 では，Customer Delivered Value = Total Customer Value − Total Customer Cost としている。

4　伊丹他（2002）p. 117.

5　Kaplan and Norton（2004）p. 4

6　伊丹（2003）pp. 236-247.

7　リアル・オプションの考え方については，入山（2015a）pp. 124-135に，経営学の観点からわかりやすく解説してある。

8　伊丹（2012）は，戦略の論理の重要性をあげ，「最初の直観的発想から戦略構想を練り上げるためにも，その構想の正しさを検証するためにも，戦略の論理をきちんと理解していることが不可欠である」と述べている（伊丹，2012，p. iii）。

9　VRICマップは，戦略ロジックを見るあるいは見えるようにする「精度の高い（よく見える）かつ扱いやすい概念レンズ」を目指している。「可視化の試み」（観察者が作成することの容易性および第三者が理解することの容易性）は，当マップが「扱いやすい概念レンズ」であるための条件であり，さらに「精度の高い」ものとするためには第5章表5-1に示した「個別要素の対応」と「階層性」，「比較性」および「RM」が必要となる。すなわち，これらの特徴がそろっている可能性が高いからこそ，VRICマップは「精度の高いかつ扱いやすい概念レンズ」として有効であると筆者は考えている。

コラムⅠ

　論理的な説明ではないが，VRICマップの基本要素の発想については，筆者のキャリアが影響している。古くは，現場の管理者であったテイラーの「科学的管理法」や経営者であったファヨールの「管理過程論」の内容がそれぞれのキャリアに大きく影響されたように，である。

　まず，CGにおけるキャッシュへのこだわりは，筆者のMBAと銀行員のキャリアに影響されている。MBAではファイナンスの授業で，企業価値とは企業が将来生み出すキャッシュフローの現在価値であることを叩き込まれた。銀行実務では，企業が倒産する時は単に赤字であるからではなく，払うべきものが払えなくなった時（中小企業の手形不渡りや大企業の社債償還の不履行など）であることを痛感した。また融資判断業務では，単なる利益水準ではなく返済能力の有無が第1に大切である。返済能力とは，現金生成能力すなわちCGでもある。

　RMについては，筆者のリスクマネジメントに関わるキャリアが影響している。銀行では最後に，IT部門のリスクマネジメントに関わった。その後に転職したのは，ITリスクマネジメントのコンサルティング会社であった。

　成功している企業の戦略ロジックは，もちろんロジックであるから論理的ではあるが，そこに至った経緯には経路依存性があるように，VRICマップにも以上のような経路依存性が存在している。

コラムⅡ

　VRICマップの作成方法については，本文に記載の通りであるが，ここでは著者からひとつのアドバイスを述べたい。

　いきなり対象企業のマップを作り始める前に，「ケース・スタディ」でウォーミング・アップをお勧めする。これは著者が長崎大学大学院博士後期課程の学生であった時に，授業で実際にマップを作成したやり方である。授業では，『ケース・スタディ　日本企業事例集』（ダイヤモンド社，2010）のケースを抜粋して，輪番でレジュメを作成しディスカッションを行った。著者は，自分の担当ケース企業を対象にVRICマップを作成し説明した。授業で使用した事例集は，ハーバード・ビジネス・スクールで使用されている日本企業の事例集である（日本語版）。

　この事例集に記載の事例は，実際の企業についてコンパクトに内容が凝縮されている。従って，VRICの基本4要素のリストアップが容易で，内容もあまり重複することがないので整理しやすい。もちろんケースであるから十分な情報・データが必ずしも提供されているわけではないが，多くのケースはウォーミング・アップには格好の材料である。これを手始めに実際の対象企業のマップ作成を進められると良いと思う。ちなみに筆者が当時マップを作成したケースは，①松下電器産業：危機と変革，②資生堂：中国市場への参入，③コマツ：グローバル化の取り組み，④楽天：Eコマース事業の創造，である。なお，松下電器産業（現パナソニック）のケースでは，負のVRICマップ（競争優位ではなく，競争劣位に至るロジックのマップ）を作成した。

第1章　VRICマップの論理

● 参考：ハニーズを分析してみよう*

　実際のVRICマップ作成を，よりわかりやすく理解してもらうために，株式
会社ハニーズを例に，筆者のVRICマップの作成手順を具体的に以下に示す。

▶ハニーズの概要

　株式会社ハニーズ（以下，ハニーズ）は，10代前半から30代後半の女性を
ターゲットとしたヤングカジュアル婦人服のSPA（製造小売業）である。「普
通の女の子がファッショナブルな衣料をお小遣いで買いたい」というニーズ
に対応するという明確なコンセプトを持ち，ターゲットと同世代の若い女性
中心に企画・販売を行い，わずか40日という短いリードタイムで流行を見極
めて走り，中国での生産でコストダウンし低価格で提供するというビジネス
モデルで脚光をあびた会社である。2011年5月期末で中国も含め1059店舗
（国内851店舗）を展開している。

　だが，2009年5月期の621億円の売上高をピークに，また営業利益，経常利
益，当期利益は，2007年5月期のそれぞれ85億円，85億円，48億円をピーク
に凋落し，2011年5月期には，売上高556億円に，利益は大幅に凋落し，それ
ぞれの利益は，36億円，37億円，13億円にまで減少している。営業キャッ
シュフローも同時期に61億円から25億円に，株価も5分の1近くまで下落し
ている。なお，この間，店舗数は721から1059に増加している。2008年9月の
リーマンショックによる世界不況の影響があるとはいえ，戦略不全は否定し
がたい。また最近の2014～2017年の営業利益は20億円台にとどまり，業績は
かんばしくない。

▶ハニーズのVRICマップ作成手順

　概ね高業績であった2006年5月期から2010年5月期までの公表データに基
づいてハニーズのVRICマップを作成する。

　まず，ステップ1として「情報収集」を行う。

　同社ホームページにある会社案内，企業情報，DATA BOOK，有価証券報

25

告書，決算説明会資料等を入手する。

　ステップ2として，これらの情報・データから「VRICの基本4要素別のリストアップ」を行う。具体的には，プリントした資料の中でVRICの基本要素カテゴリーに該当すると思われる事項に鉛筆で下線をひき，ページの右余白等にこれはVP,CG,IA,RMと記入していく。これらをもとに，重複等の細かいところは気にせず，一通り基本要素カテゴリー別にリストアップする。

【一部例】

＜VP＞　・ブランド：CINEMA CLUB, GLACIER,COLZA, Shelly Coat
　　　　　・「高感度，高品質，リーズナブルプライス」をキーコンセプト
　　　　　・業界最速リードタイム40日

＜IA＞　・店舗情報システム
　　　　　・独自のSPA
　　　　　・効率物流
　　　　　・業界最速リードタイム40日
　　　　　・週一デザイン会議
　　　　　・お客様と同世代の店舗スタッフや商品企画スタッフ

＜RM＞　・タイムリーな効率物流
　　　　　・本社近くの物流センター

　ステップ3として，「リストの整理・まとめ」を行う。リストは，元資料からそのまま書き出しているので，基本要素カテゴリー内および基本要素間の個別要素の重複を整理する。さらにそれをいくつかの主要要素（キーワード）にまとめていく。

【一部例】

＜VP＞　・ブランド：CINEMA CLUB,GLACIER,COLZA, Shelly Coat
　　　　　　➡マルチブランド対応
　　　　　・業界最速リードタイム40日＋週一デザイン会議
　　　　　　➡流行をとらえた多頻度投入

＜IA＞　・独自のSPA＋効率物流＋業界最速リードタイム40日

第1章　VRICマップの論理

➡ 製販物垂直統合による短いリードタイム

ステップ4として,「VRICマップTypeⅠへのマッピング」を行う。通常この段階では要素数が多いので,できればここでマップ全体を見て,さらに要素のまとめ・絞り込みを行う。実際にマッピングしたのが図参-1である。また,この段階でわかる範囲で重層構造を図示し,まとめや絞り込みに役立ててもよい。基本要素間の矢印について,VP・IA間およびIA・CG間は,TypeⅠ(図1-1)にある通りであるが,RMとVP,IA,CG間は,ケースによって異なる。したがって,まずはわかる範囲でTypeⅠ´ではRMとVP,IA,CG間に必要に応じ矢印を入れておき,後でTypeⅡとすり合わせて最終形にすればよい。

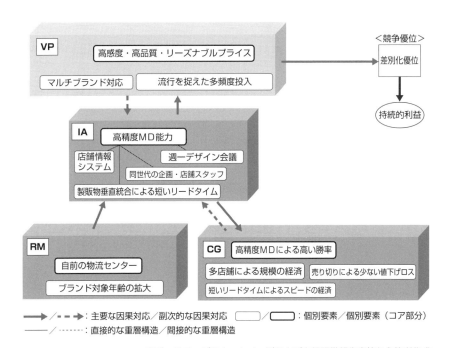

図参-1　ハニーズのVRICマップ　TypeⅠ´(基本形)

第Ⅰ部　VRICマップの基本

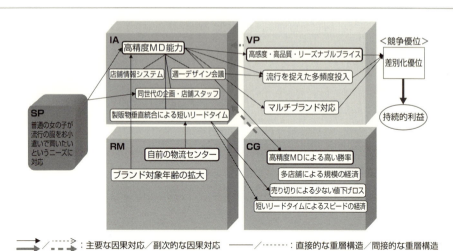

出所：ハニーズのホームページおよび有価証券報告書等から筆者作成

図参-2　ハニーズのVRICマップ　TypeⅡ（フロー型）

　ステップ5として，「VRICマップTypeⅡへのマッピング」を行う。

　ステップ4でマッピングした各要素をTypeⅡにマッピングし，各個別要素の因果対応関係を矢印で表示するのと併せ，重層構造等も線で表示する。ここで，コアとなるIAを構成しているのかあるいはあいまって現象として実現しているのかを実線で表示，要素の背景となっているものは破線で表示する。これらの因果対応関係や重層構造等が重複していたり，うまく表示できていなかったりするものは見直す。つまり，TypeⅡにマッピングすることで対応関係等が適切なものかをチェックし，対応関係等が適切になるよう各要素を見直しTypeⅠに見直した要素で再マッピングし，さらにTypeⅡに再マッピングする。必要であればこの作業を繰り返し，適切かつわかり易いマップに仕上げていく。なお，関係が複雑で重層構造等がわかりにくいものは，マインドマップを使って要素および要素間の関係を整理するとうまく行く場合がある。

　なお，VPの事項は当然にCGにおける差別化優位のSD（Strategic Drivers：

第1章　VRICマップの論理

戦略形成要因，第3章で詳述）となるが，マップではすでにVPの事項として記載しており，改めてCGの事項として記載するのは二重記載となりマップがわかりにくくなるため，CGには記載しない。それに伴いVPからCGへの矢印も記載しないこととしている。

　このようなプロセスを経て完成したVRICマップは，図参-1，参-2の通りである。有価証券報告書に加え，流行を追うファストファッションであることから，MD（マーチャンダイジング：品揃え等の商品計画）の構造，業界最速ともいわれる40日という短いリードタイム，SPA（製造小売業）の仕組みおよび自前の物流センター等に特に注目した。

▶ハニーズのVRICマップからわかること

　Type I′のVRICマップ分析（図参-1）からは次のことがわかる（個別の因果対応の図示についてはType II参照）。IAにおいて「店舗情報システム」，「週一デザイン会議」，「同世代の企画・店舗スタッフ」および「製販物垂直統合による短いリードタイム」がワンセットとして組み合わさって「高精度MD能力」を構築し，それがVPの「高感度・高品質・リーズナブルプライス」，「流行を捉えた多頻度投入」および「マルチブランド対応」を実現している。特に，IAの「週一デザイン会議」がVPの「流行を捉えた多頻度投入」につながっている。さらにこのVPの進展がIAに一層の磨きをかけるという相互関係にある。また，IAの「高精度MD能力」がCGの「高精度MDによる高い勝率」につながっている。IAの「製販物垂直統合による短いリードタイム」は，CGの「売り切りによる少ない値下げロス」および「短いリードタイムによるスピードの経済」につながっている。このCGのさらなる進展がIAに一層磨きをかけている。最終的にVPにおける「高感度・高品質・リーズナブルプライス」，「流行を捉えた多頻度投入」および「マルチブランド対応」があいまって「差別化優位」を実現している。またRMにおいては「自前の物流センター」がIAの「製販物垂直統合による短いリードタイム」を確実なものとし，「ブランド対象年齢の拡大」が企画スタッフの年齢上昇による精度の低下を防ぐことで，「高精度MD能力」を維持している。

　Type IIのVRICマップ（図参-2）からは次のことがいえる。上記Type I′

29

に対して，Type Ⅱでは個々の要素の間の対応を図示している。またビジネスデザイン（VRICマップ）の起点となるSP（Strategic Positioning：戦略的ポジショニング）として「普通の女の子が流行の服をお小遣いで買いたいというニーズに対応」を加えている。このSPがIAの「高精度MD能力」や「同世代の企画・店舗スタッフ」につながっている。

　以上をまとめると，本VRICマップは，SPを起点とするVRICの因果対応のネットワーク（全体像）が，どのようにハニーズの差別化優位につながっているのかを明示している。本マップによって明確になったのは，特に①IA「高精度MD能力」の重層構造，②IAの「高精度MD能力」がVPの「高感度・高品質・リーズナブルプライス」につながる因果対応，③IAの「高精度MD能力」がCGの「高精度MDによる高い勝率」につながる因果対応，④RMの「自前の物流センター」がIAの「高精度MD能力」のキーとなるIAの「製販物垂直統合による短いリードタイム」へつながる因果対応，である。上記個別要素は，因果対応のネットワークにおけるコア部分として，Type Ⅱ（図参-2）において太枠で囲っている。

　IAの「高精度MD能力」の重層構造について以下補足する。「製販物垂直統合による短いリードタイム」により実需により近いところで流行の予測が可能になること，②「同世代の企画・店舗スタッフ」すなわち，顧客と同世代のスタッフが企画・営業し「週一デザイン会議」で，短いサイクルで流行をとらえること，これらがワンセットとなって予測の精度があがる，つまり精度の高いMDが実現できていると考えられる。このことが，他社の模倣・追従を困難にしている。以上のことが，このVRICマップを作成することで可視化される。

注

* 　なお，本稿とは別にハニーズについては分析している。これについては，藤原（2011b）を参照されたい。

第2章 VRICマップによる事例分析

　本章では，VRICマップを用いて，実際に企業の分析を行う。

　VRICマップによる事例分析は，次の共通の考え方あるいは視点に立って行っている。第1に，一般に因果対応には複数の要因がからんでいることが多い。第2に，高い業績をあげている企業のビジネスデザインあるいは戦略ロジックを模倣する企業が出てこないのは，①何らかの理由で模倣自体が困難であるか，②何らかの理由で模倣したくないあるいは模倣する意思がないか，もしくは①と②の両方の場合である。

　このうち，模倣が困難である理由は，次のように考えられる。第1に，重要な要素であるIAが複数の要素が組み合わさった重層構造を持っている場合，あるいは複数の要素が組み合わさった「現象」という形になっている場合であるが，この場合は，構造や現象としてとらえること自体が容易ではない。第2に，戦略ロジック全体が，複雑で多様な因果対応のネットワークになっている場合である。このような複数の要素が組み合わさって，あるいはネットワークとなっていれば，他企業が模倣できる可能性は要素の数やネットワークの複雑さに応じて，指数的に低くなる。これは，因果対応の同時成立の確率を考えれば明らかである。さらに，IAを構成する要素の中に，それ自体が模倣困難なもの，たと

31

第Ⅰ部　VRICマップの基本

えば会長のリーダーシップや企業文化などがあれば，ますます模倣できる可能性は低くなる。

　継続的に高い業績をあげている企業のビジネスデザインあるいは戦略ロジックが模倣されない場合は，上述の要因が存在する可能性が大きく，これなくして合理的な説明がつかない可能性が大きい。

　次節以降の事例分析では，継続的に高い業績をあげながら模倣されていない，あるいは一部しか模倣されていない企業を取り上げて分析する。

1．国内アパレルメーカー・小売業3社の事例分析

　本節では，VRICマップを用いてアパレルメーカー・小売業の「株式会社しまむら（以下，しまむら）」，「株式会社ファーストリテイリングのユニクロ事業（以下，ユニクロ）」，「株式会社ポイント（以下，ポイント）」の事例分析を試みる。まずしまむらを選んだ理由は，他社と比較し，売上高，営業利益等が極めて安定的に上昇傾向にあるとともに，収益性等の指標も上記同業3社中かなり高いレベルを維持していることである。一方，しまむらと対照的な戦略的ポジショニングにある企業として，ユニクロとポイントを比較対象として選んだ。これら3社の戦略ロジックを，VRICマップを使って分析していく。

　以下，しまむら，ユニクロおよびポイントの各計数（財務指標）を比較し，3社の特徴を明確にした上で，その特徴の背景にある戦略ロジックを，VRICマップを使い解明を図りたい。

1．3社の財務指標とその特徴

　3社の2009年から2013年までの5カ年の計数の推移を表すグラフは，

32

図 2 - 1 ～ 2 - 6 の通りである。数字は各社の2009年～2013年の有価証券報告書に記載の数字である。なお，しまむらおよびポイントの決算日は，2月期（2013年2月期を2013と表示）であるが，ユニクロは，8月期である。3社比較をするため，ユニクロについては2012年8月期を2013と表示しており，他の年度も同様とした。またユニクロは，連結決算のため，持株会社であるファーストリテイリングの連結決算数字を使用している。

　売上高，営業利益の規模の観点からは，ユニクロが突出した1位で，次にしまむら，そしてその次にポイントが位置している（図2-1，2-2参照）。

　ポイントのような最新の流行を常に追い続けるタイプのビジネスでは，一般に取扱い商品の旬の期間が短いため，高い棚卸資産（在庫）回転率が必要であり，また接客等の人件費による高い販売管理費率（以下，販管費率）から高い粗利が高い収益性を得るためには必要である。一方，しまむらやユニクロは取扱商品の旬の期間が比較的長いため，それほど高い棚卸資産回転率は要求されない。ただし，しまむらは低価格すなわち少ない粗利の中で利益をあげていくため，売上をあげて売れ残りによる値下げを抑える必要があり，そのために棚卸資産回転率が高くなっていると考えられる。ユニクロは高品質・高機能を背景にかなり高い粗利益率を維持し，結果，高い売上高営業利益率を誇る。対照的にしまむらは低価格で粗利が少ないが，それでも比較的高い売上高営業利益率をだせるように，非常に低い販管費率を維持している。

　なお，以上の計数（店舗数を含む）は，3社の有価証券報告書，ホームページ記載の数字およびそれらをもとに計算した数字である。

33

第Ⅰ部　VRICマップの基本

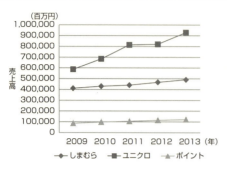

出所：各社の有価証券報告書より筆者作成
図2-1　3社の売上高の推移

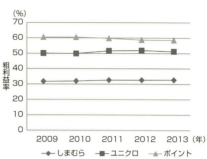

出所：各社の有価証券報告書より筆者作成
図2-4　3社の粗利益率の推移

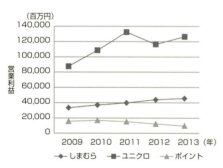

出所：各社の有価証券報告書より筆者作成
図2-2　3社の営業利益の推移

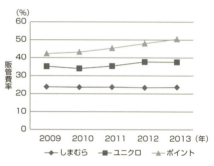

出所：各社の有価証券報告書より筆者作成
図2-5　3社の販管費率の推移

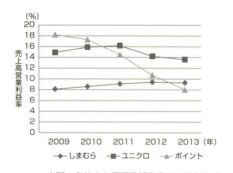

出所：各社の有価証券報告書より筆者作成
図2-3　3社の売上高営業利益率の推移

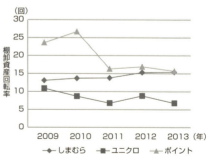

出所：各社の有価証券報告書より筆者作成
図2-6　3社の棚卸資産回転率の推移

2．しまむら

▶しまむらの概要

　しまむらは，20代から50代までの主婦を中心に，ファミリー層をターゲットとし，デイリーファッション（日常普段着）を扱う高効率・集荷型格安衣料品チェーンである。その中核となるファッションセンターしまむらの基本は，「最新のトレンドファッションから実用衣料まで，今欲しいものを低価格で提供する店」である。当初の郊外住宅地近隣への出店から，幹線道路沿い・商業集積地への出店が中心となり，現在は東京・大阪等の大都市中心部にも積極的に出店している。低い粗利益率ながら高い営業利益率を維持できる非常に低い販管費率を実現している。また，商品管理から店舗運営・店舗開発・システム開発・物流すべてを自前で行う自前主義と，マニュアルやコントローラー制[1]（約70名のコントローラーが全店の商品在庫管理を行う体制）・バイヤー制，パート活用体制，情報・物流システムといった仕組み・システムを中心とする効率性の高い業務システム・体制によるオペレーショナル・エクセレンス[2]を追求している会社である。そして，小売業ではめずらしく完全買取制をとり，仕入れ値を低減させている。さらに，優れた物流システムを活用し，商品の店舗間移動による低い値下げ率を実現している。一般的な総合スーパーの値下げロス率は平均11〜12％といわれるが，しまむらのそれは5％にとどまる。また店舗は，店長1名と8名ほどのM社員[3]（パート社員）による少人数で，マニュアルの徹底した標準化により効率的に運用されている。標準店舗は売場面積約1000㎡（300坪）である。独自の物流システムを開発し，最新鋭の物流センターを配置し，全国を自由に移動する荷物ひとつ当たりの移動コストは59円程度という

第Ⅰ部　VRICマップの基本

低コストを実現している。さらに，中国の生産工場から出荷された商品が直接しまむら商品センターに納品される，つまり商品の仕分けや値札付けといった流通加工を，コストの安い中国で実施し，サプライヤーの倉庫を通さず直接しまむら商品センターに納品すること（直流という）で，物流コストのさらなる削減を図っている。小売業を仕組み・システム中心の技術ととらえる同社のスタンスは，"The Retail Technology"をかかげる同社物流部門のパンフレットの表現にも表れている。

　業績については，2009年から2013年までの期間において安定的に増収増益（営業利益ベース）を続けている。2013年の計数について特筆すべきはこの増収増益の安定性だけではなく，20％台前半の非常に低い販管費率，3社中ユニクロに次ぐ2番目の9％台の売上高営業利益率，および3社中ポイントと同等の15.4の高い棚卸資産回転率があげられる。ちなみにユニクロの同回転率は6.8である。要は，しまむらはローコスト・高回転経営を実現しているのである。なお，2018年現在，店舗数はしまむらグループ全体で2145店（しまむら本体で2089店）である。

▶しまむらのVRICマップ

　本分析で使用した主な情報・データは，同社の2009～2013年の有価証券報告書，同社ホームページの会社案内，会社情報および決算概要等である。また，着眼点は，低価格，非常に低い販管費率（図2-5参照），完全買取制にともなう売れ残りリスクへの対応，およびこれらの背景にある効率性の高い業務システム・体制の構造等に注目した。これらに基づいて作成したしまむらのVRICマップは，図2-7，2-8の通りである。

　VRICマップ（図2-7，図2-8）から次のことがわかる（個別要素

およびこの段階で図示できる重層構造も記載されているため，TypeⅠ′としている）。IAの「マニュアル・システム」，「コントローラー制」，「高度な情報・物流システム」，「パートの有効活用体制」および「自前・仕組み中心，従業員重視の企業文化」がワンセットとして組み合わさって「効率性の高い業務システム・体制」を構築し，それがVPの「主婦を中心としたファミリー向けデイリーファッション衣料」，「便利な店舗（場所）・売り場（品揃え・陳列）」および「低価格」を実現している。さらにこのVPの進展がIAに一層磨きをかけるという相互関係にある。またIAの「効率性の高い業務システム・体制」が，CGの「非常に低い販管費率」につながり，このCGのさらなる進展がIAに一層磨き

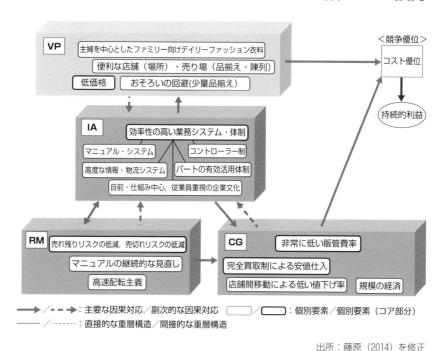

出所：藤原（2014）を修正

図2-7　しまむらのVRICマップ　TypeⅠ′（基本形）

をかけている。CGの「完全買取制による安値仕入」と「店舗間移動に
よる低い値下げ率」は粗利益の確保につながり，「規模の経済」は，コ
スト全般の低減に貢献する。最終的にVPの「低価格」とCGの「非常に
低い販管費率」，「規模の経済」，「完全買取制による安値仕入れ」があい
まって「コスト優位」を実現している。またRMの「マニュアルの継続
的な見直し」は，IAの「効率性の高い業務システム・体制」を構成す
る「マニュアル・システム」の有効性を確保し，同様に「仕組み中心主
義の企業文化」を「高速配転主義」（基本的に３年で異動）が維持して
いる。実際，マニュアルの見直しについては，全社員から毎年５万件以
上の改善提案があげられ，それらを検討・実験し，その結果により毎月
マニュアルが更新されることで，形骸化を防止し，さらに効率性レベル
を向上させている。ここで特筆すべきは，IAの「効率性の高い業務シ
ステム・体制」が，コアとなるRMの「売れ残りリスクの低減，売切れ
リスクの低減」を支えていることである。CGの「完全買取制による安
値仕入」には，当然のことながら大きな売れ残りリスクが伴う。通常の
衣料小売りでは，このリスクを避けるために多くの場合，買取を行わな
い。すなわちこのCGの「完全買取制による安値仕入」を現実のものと
するには，RMの「売れ残りリスクの低減」が必須であり，このRMを
可能としているのがIAの「効率性の高い業務システム・体制」なので
ある。後述するようにこのIAは，他社が模倣困難なものであり，した
がってこのCGは他社が追従できないものとなっている。

　ところで，VPの「おそろいの回避（少量品揃え）」は，同一アイテム
の品揃えを１～２着までとし，売切れたら補充しないため，機会損失に
つながる。ここで注意すべきは，追加補充しないことは一見，非合理に
見えるが，実は全体としてみると合理的であるという楠木（2010）のい

うキラーパスになっていることである。この背景には、機会損失よりも小商圏における品揃え（おそろいを回避するための少量品揃え・売切り）や新商品投入による売り場鮮度の維持を優先するという同社の考え方がある。また、これを現実に支えているのは、IAの「コントローラー制」や「高度な情報・物流システム」等で構成された「効率性の高い業務システム・体制」である。他社が模倣困難な所以である。

次にTypeⅡ（図2-8）からは特に次のことがいえる。上記TypeⅠ´からわかることに加えて、TypeⅡでは個別要素の間の対応を矢印で図示している。またビジネスデザイン（VRICマップ）の起点となるSPとして、「主婦を中心としたファミリー向けデイリーファッションを完全買取集荷型で仕組みにより低価格・便利な店舗で提供する」を加えている。このSPがIAの「効率性の高い業務システム・体制」や「自前・仕

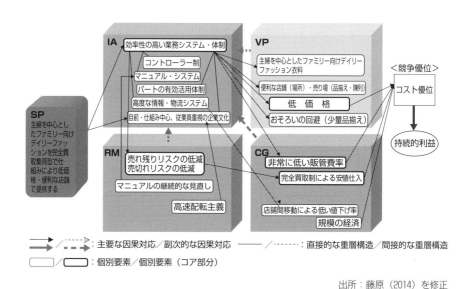

出所：藤原（2014）を修正

図2-8　しまむらのVRICマップ　TypeⅡ（フロー型）

第Ⅰ部　VRICマップの基本

組み中心の企業文化」につながっている。またIAの「高度な情報・物流システム」はCGの「店舗間移動による低い値下げ率」につながっている。

　まとめると，本VRICマップは，SPを起点とするVRICの因果対応のネットワーク（全体像）が，どのようにコスト優位につながっているのかを明示している。本マップによって明確になったのは，特に①IAの「効率性の高い業務システム・体制」の重層構造・現象面，②IAの「効率性の高い業務システム・体制」がVPの「低価格」につながる因果対応，③IAの「効率性の高い業務システム・体制」がCGの「非常に低い販管費率」につながる因果対応，④IAの「効率性の高い業務システム・体制」がRM「売れ残りリスクの低減」につながり，このRMがCGの「完全買取制による安値仕入」へつながっていく因果対応，である。これらの特に重要な個別要素は，因果対応のネットワークにおけるコア部分として，TypeⅡ（図2-8）において太枠で囲っている。

　しまむらのビジネスデザイン・戦略ロジックを模倣する，あるいは模倣しようとして成功した企業は今のところ見当たらない。IAの「効率性の高い業務システム・体制」の重層構造・現象面がなければ，模倣されて不思議はない。また，IAの「効率性の高い業務システム・体制」がなければ，CGの「非常に低い販管費率」（図2-5参照）を実現することは困難である。さらに，IAの「効率性の高い業務システム・体制」がなければ，RMの「売れ残りリスクの低減」はできず，したがってCGの「完全買取制による安値仕入」は実現できないと考えられる。

　しまむらの業績の安定性の裏には，第1に，仕組み中心の業務システム・体制があげられるが，さらに①進化する仕組み・体制（ローコストオペレーション），つまり情報システムや直流などの物流システムの進

40

化やマニュアルの継続的見直し等，②時代の流れへの対応，すなわち低価格にはじまり品質の向上➡ファッション性商品の追加➡トレンド（流行）のとり込み，と対応・進化してきたことも要因と考えられる。

　忘れてはならないのは，仕組み中心の業務システム・体制を円滑に機能させるには，従業員重視の企業文化[4]が欠かせないことである。なぜなら，徹底した仕組み中心であれば，本部のコントローラーの指示やマニュアル通りの運営は，機械的な運営となり，店舗従業員のモチベーション低下を招きかねないからである。従業員重視の企業文化が，パート社員に安心・集中して働ける，いわば血の通った職場環境を提供し，仕組みを円滑に機能させていると考えられる。

3．ユニクロ

▶ユニクロの概要

　ユニクロは独自のSPA（製造小売業）で，どの服もあらゆる人が部品として合わせて着ることができるファッション性・機能性のある高品質のベーシックカジュアル（普段着）衣料を相対的に低価格で提供している。営業利益にはばらつきがあるものの，3社の中で突出した売上高・営業利益を計上している。2017年8月期において，国内店舗831店，海外店舗1089店である。

　ユニクロもしまむらも，ともに最新の流行を常に追いかけるタイプのビジネスではないが，小売りに徹するしまむらと徹底したSPAを追求するユニクロは，この点において対照的な戦略的ポジショニングをとっている。だが両社とも業界他社とは異なり，不況にもかかわらず業績好調で，長い間勝ち組と見なされている。

　ユニクロは，高機能・高品質・リーズナブルプライスのベーシックカ

41

ジュアルの提供により，差別化優位とコスト優位の統合戦略を実行していると考えられる。通常，差別化とコストリーダーシップは両立しにくいとされるが，ユニクロはいくつかのイノベーションにより両立している。そのイノベーションとは，生産・品質管理への関与，素材メーカーとの共同開発，である。生産・品質管理について，多くのSPAが委託工場に丸投げしている状況の中，ユニクロは現地駐在員や生産・品質管理のベテランを工場に派遣指導するという「匠」の仕組みにより，生産・品質管理に積極的に関与してきた。また，素材メーカーとの共同開発については東レ株式会社（以下，東レ）との共同開発により大ベストセラーとなったヒートテック等を生み出してきた。衣料小売りが素材メーカーと共同開発するというイノベーションには，同社の柳井会長の強い思い入れがあった。これらのイノベーションにより，本来は両立し難い差別化とコストリーダーシップを両立させる統合戦略を実現してきたと考えられる。ユニクロの特徴としては，以下に述べるような①高度なSPAの実現，②少品種大量生産による規模の経済の実現，③週次の緻密な販売進捗管理，④品番数の大幅な絞り込み，があげられる。

①高度なSPAの実現

　ユニクロは単に服を企画し，生産委託し，売るといったSPAではない。生産面については限定した優良委託工場との長期安定関係を持ち，生産・品質管理面に積極的に関与している。また素材面については，上述の通り，素材メーカーとの共同開発まで行っている。

　それらの背景には，柳井会長の強力なリーダーシップがあることはいうまでもない。

②少品種大量生産による規模の経済の実現

少品種大量生産の実現には2つの要素がある。ひとつは，品番数（デザインや柄などの最小単位）の大幅な絞り込みである。もともとのポジショニングがベーシックカジュアルの提供であるから，品番数は少なくて当然ともいえるが，基本的にワンシーズン500品番はそれにしても大幅な絞り込みである。もうひとつは，ユニクロが中国で提携する縫製工場は約70社で，数百社にも及ぶ他のグローバルSPAの提携工場数に比べ，大幅に絞りこんでいることである。これら2つの要素により，1工場当たりの少品種大量発注を実現している。これにより規模の経済が達成される。それだけではなく，工場に対する交渉力を強めることになり，それがユニクロの生産・品質面でのコントロールを保持できることにつながっている。

③週次の緻密な販売進捗管理

ユニクロのリスクマネジメントとしてまずあげられるのは，週次に行う商品別・カラー別・サイズ別の週間販売計画に対する緻密な進捗管理である。この進捗管理に基づき，週次で生産調整と販売調整を行っている。生産調整については，販売状況に合わせ，追加生産を行うのか減らすのかを調整する。これは，上記②の少品種大量発注により委託先の生産工程をコントロールしているからできることである。一方，販売調整については，週次のチラシ広告を活用し，販売未達の商品を期間限定値下げして対応している。

④品番数の大幅な絞り込み

上述の通り，基本的にワンシーズン500品番数に絞り込んでいる。これが，上記②と③にもつながっている。流行を追うファストファッションSPAのZARAやH&Mなどと比べ，10分の1から数10分の1，集荷仕入型のしまむらと比べれば100分の1程度の品番数である。これだけ絞

43

第Ⅰ部　VRICマップの基本

り込むと当たれば大きいが，はずれれば在庫の山となるリスクも大きい。しかし，高機能・高品質・リーズナブルプライスのユニクロにとっては，品番数の増加がかえってユニクロらしさを損ね，売れ残りリスクを発生させるといった，同業他社とは逆の構造が見られる。

▶ユニクロのVRICマップ

　本分析で使用した主な情報・データは，同社の2009〜2013年の有価証券報告書，同社ホームページの経営方針，事業概況，アニュアルレポートおよびファクトブック等である。また，着眼点は，高品質・高機能とリーズナブルプライスの両立，高度なSPAの構造，品番数の絞込み，流行を追わないスローファッションにしては非常に高い粗利益率（図2-4参照）とその背景にあると考えられる規模の経済，および会長のリーダーシップ等である。これらに基づくユニクロのVRICマップは，図2-9，2-10の通りである。

　VRICマップ（図2-9，図2-10）からは次のことがわかる。IAの「限定優良海外工場との長期安定関係」，「生産・品質管理への関与」，「素材メーカーとの共同開発」および「会長のリーダーシップ」がワンセットとして組み合わさって「高度なSPA」を構築し，それがVPの「高機能・高品質・リーズナブルプライスのベーシックカジュアル」，「カラーバリエーションと相応のファッション性」および「新機能投入・継続的改善」を実現している。さらにこのVPの進展がIAに一層の磨きをかけるという相互関係にある。IAの「高度なSPA」がCGの「高い粗利益率」（図2-4参照）につながっている。IAの「限定優良海外工場との長期安定関係」がCGの「規模の経済（少品種大量生産）」につながり，この「規模の経済」が「高い粗利益率」につながっている。こ

第 2 章　VRICマップによる事例分析

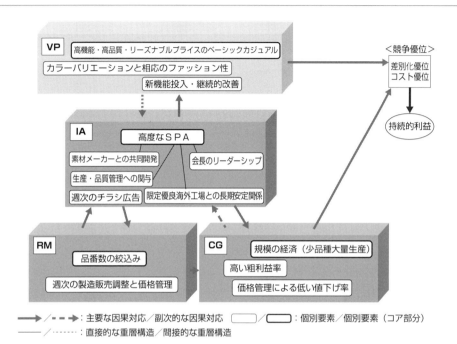

出所：筆者作成

図 2-9　ユニクロのVRICマップ　Type I´（基本形）

のCGのさらなる進展がIAに一層磨きをかけている。また衣料小売りでは品番数が拡大しがちであるが，ユニクロではRMで「品番数の絞り込み」をすることでCGの「規模の経済（少品種大量生産）」を確実なものとしている。またこのRMの「品番数の絞り込み」が少品種大量発注を可能にし，発注先への交渉力を強めることで，IAの「限定優良海外工場との長期安定関係」および「生産・品質管理への関与」を維持している。最終的にVPにおいて「高機能・高品質・リーズナブルプライスのベーシックカジュアル」，「カラーバリエーションと相応のファッション性」および「新機能投入・継続的改善」があいまって「差別化優位」を

45

第Ⅰ部　VRICマップの基本

実現している。同時にCGの「規模の経済」が「コスト優位」を実現している。また，IAの「週次のチラシ広告」および「限定優良海外工場との長期安定関係」がRMにおける「週次の製造販売調整と価格管理」を可能とし，このRMがCGの「価格管理による低い値下げ率」を実現している。

　TypeⅡ（図2-10）からは特に次のことがいえる。TypeⅠ´からわかることに加えて，ここでは個別要素の間の対応を図示している。またビジネスデザイン（VRICマップ）の起点となるSPとして「低価格で高品質・高機能なベーシックカジュアル（普段着）を，品番数を絞って老若男女を問わずに提供」を加えている。このSPがIAの「高度なSPA」や「素材メーカーとの共同開発」，「生産・品質管理への関与」，「限定優良海外工場との長期安定関係」およびRMの「品番数の絞り込み」につな

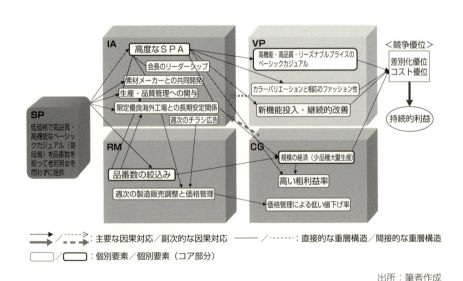

図2-10　ユニクロのVRICマップ　TypeⅡ（フロー型）

がっている。

　まとめると，本VRICマップは，SPを起点とするVRICの因果対応の
ネットワーク（全体像）が，どのように差別化・コスト優位につながっ
ているのかを明示している。本マップによって明確になったのは，特に
①IAの「高度なSPA」の重層構造・現象面，②IAの「高度なSPA」が
VP「高機能・高品質・リーズナブルプライスのベーシックカジュアル」
につながる因果対応，③IAの「限定優良海外工場との長期安定関係」が
CGの「規模の経済（少品種大量生産）」につながる因果対応，④RMの
「品番数の絞り込み」がCGの「規模の経済（少品種大量生産）」につな
がる因果対応，である。これらの個別要素は，因果対応のネットワーク
におけるコア部分として，TypeⅡ（図2-10）において太枠で囲ってい
る。

　ユニクロのビジネスデザイン・戦略ロジックを模倣する，あるいは模
倣しようとして成功した企業は今のところ見当たらない。IAの「高度
なSPA」の重層構造・現象面がないのなら，模倣されて不思議はない。
また，IAの「限定優良海外工場との長期安定関係」，「生産・品質管理
への関与」，「素材メーカーとの共同開発」および「会長のリーダーシッ
プ」がワンセットとして組み合わさって「高度なSPA」を構築してい
ないのなら，コストリーダーシップと差別化の統合戦略という極めて難
易度の高いVPの「高機能・高品質・リーズナブルプライスのベーシッ
クカジュアル」を実現するのは困難である。またIAの「限定優良海外
工場との長期安定関係」がなければ，CGの「規模の経済（少品種大量
生産）」を実現・維持することは困難である。さらに，品番数がすぐに
拡大しがちな業界の中で，RMの「品番数の絞り込み」がなければ，CG
の「規模の経済（少品種大量生産）」は達成できないであろう。この

第Ⅰ部　VRICマップの基本

「規模の経済」がなければ「リーズナブルプライス」で販売している状況下で「高い粗利益率」（図2-4参照）の実現はできないと考えられる。

4．ポイント

▶ポイントの概要

　ポイント（現アダストリア）は，最新の流行を短いリードタイムで常に追い続けるタイプのビジネスであり，この点においてしまむらやユニクロと対照的な戦略的ポジショニングをとっている。ポイントは，20代から30代の普通の女性が「今，着たい服」を短いリードタイム（45日）でタイミングよく，手頃な値段（百貨店と量販店の中間価格帯）で提供する「ファッションカジュアル」のSPAである。「等身大のマーチャンダイジング」，すなわち顧客と同年齢の商品企画担当者が，自分たちの着たい服を作る・売るで業績を伸ばしてきた。「Enjoy?：私たちは，ファッションを通じてすべての人にenjoyすることを提案します」，を合言葉にしている会社である。突出して高い在庫回転率で高収益をあげ，2010年2月期まで，増収増益を続けてきたが，2011年2月期は，社長の突然の交代劇もあり，売上高は伸びたものの，減益となり，それ以降営業利益は減益をつづけている。2013年現在店舗数は899（国内823）であり，ファッションビルやショッピングセンターを中心に出店していたが，2015年に合併し，現在は株式会社アダストリアとなっている。

　ポイントは，ターゲット顧客層を年代や好み，性別等に応じて細分化し，14ブランドを展開している。代表的なブランドに，「LOWRYS FARM（ローリーズファーム）」と「JEANASIS（ジーナシス）」がある。同社は，次々と新しい商品を売り場に投入し，売り切りと売り場の高い鮮度の維持を図っている。元社長の石井稔晃氏によれば，「商品鮮

48

度がいい」，つまりいつ店に行っても，新しい品があるように，店には最小限の在庫しか置かず，たとえシャツ1枚でも商品は毎日配送し，1カ月半ほどですべて入れ替わる（大半は1カ月で入れ替わる）。量販店と高額商品を扱う百貨店の中間に位置付け，百貨店なみの品質で，価格は百貨店の50～70％である。

▶ポイントのVRICマップ

本分析で使用した主な情報・データは，同社の2009～2013年の有価証券報告書，同社ホームページの企業情報，CORPORATE PROFILE，年次報告書，DATA BOOK，および決算説明会資料等である。また，着眼点は，流行を追うファストファッションであることから，特にMD（マーチャンダイジング）の構造，短いリードタイムおよび"Enjoy?"の企業文化，高い棚卸資産回転率（図2-6），および自前の物流センター等である。これらに基づくポイントのVRICマップは，図2-11，12の通りである。

VRICマップ（図2-11，図2-12）から次のことがわかる。IAは「短いリードタイム」，「等身大のMD」がワンセットとして組み合わさって「高精度MD能力」を構築しており，その際，「Enjoy?の企業文化」が「等身大のMD」を確固たるものにしている。この「高精度MD能力」がVPの「安カワ，プチプラ：ファッション性と手頃な価格」，「14のマルチブランド対応」，「鮮度の高い売り場」を実現している。また，IAの「高度な物流システム」および「売り切り体制」がVPの「鮮度の高い売り場」につながっている。さらにこれらのVPの進展がIAに一層磨きをかけるという相互関係にある。またIAの「高精度MD能力」がCGの「高精度MDによる高い勝率」につながっており，IAの「高度な物流シ

第Ⅰ部　VRICマップの基本

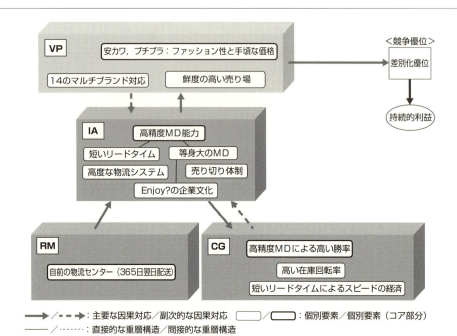

出所：藤原（2014）を修正

図2-11　ポイントのVRICマップ　TypeⅠ´（基本形）

ステム」および「売り切り体制」がCGの「高い在庫回転率」につながっている。また，IAの「短いリードタイム」がCGの「短いリードタイムによるスピードの経済」につながっている。これらのCGのさらなる進展がIAに一層磨きをかけている。最終的にVPの「安カワ，プチプラ：ファッション性と手頃な価格」，「14のマルチブランド対応」，「鮮度の高い売り場」が「差別化優位」を実現している。またRMの「自前の物流センター（365日翌日配送）」は，IAの「売り切り体制」を維持している。

　TypeⅡ（図2-12）からは特に次のことがいえる。TypeⅠ´からわか

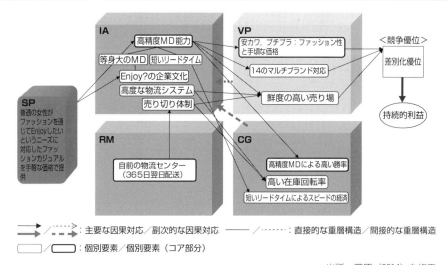

出所：藤原（2014）を修正

図2-12　ポイントのVRICマップ　TypeⅡ（フロー型）

ることに加えて，ここでは個別の要素の間の対応を図示している。またビジネスデザイン（VRICマップ）の起点となるSPとして「普通の女性がファッションを通じてEnjoyしたいというニーズに対応したファッションカジュアルを手頃な価格で提供」を加えている。このSPがIAの「高精度MD能力」や「Enjoy?の企業文化」につながっている。

まとめると，本VRICマップは，SPを起点とするVRICの因果対応のネットワーク（全体像）が，どのように差別化優位につながっているのかを明示している。本マップによって明確になったのは，特に①IAの「高精度MD能力」の重層構造，②IAの「高精度MD能力」がVPの「安カワ，プチプラ：ファッション性と手頃な価格」につながる因果対応，③IAの「高精度MD能力」がCGの「高精度MDによる高い勝率」につながる因果対応，④RMの「自前の物流センター（365日翌日配送）」がIA

第Ⅰ部　VRICマップの基本

の「売り切り体制」につながる因果対応，である。これらの個別要素は，因果対応のネットワークにおけるコア部分として，TypeⅡ（図2-12）において太枠で囲っている。

　IAの「高精度MD能力」の重層構造について以下補足する。「短いリードタイム」により実需により近いところで流行の予測が可能になること，「等身大のMD」すなわち顧客と同世代のスタッフが企画すること，これらがワンセットとなって予測の精度が上がる，つまり精度の高いMDが実現できていると考えられる。その際，「Enjoy?の企業文化」がスタッフの流行への感度を高め，「等身大のMD」を確固たるものにしている。このことが，他社の模倣・追従を困難にしている。

2．国内空調機器メーカー2社の 事例分析

　本節では，VRICマップを用いて，空調事業で世界No. 1企業であるA社およびA社につづき国内業務用空調市場でシェア2位の国内大手総合電機メーカーB社，それぞれの国内業務用空調事業について事例分析を試みる。A社を選んだ理由は，空調事業で世界No. 1企業であるとともに後述の通り，売上高，営業利益等が安定的に上昇傾向にあり，また収益性等の指標もかなり高いレベルを維持しているからである。そして，A社が空調専業メーカーであるのに対し，総合電機メーカーの1事業部門という異なった位置付けにあるB社業務用空調事業部門と比較し，2社の特徴を明確にした上で，その特徴の背景にある両社の戦略ロジックについてVRICマップにより解明を図ろうとするものである。なお，分析においては，2社に関わる文献，ホームページ（アニュアルレポート

52

等含む），および関係者へのインタビューをもとにVRICマップの作成を
行った。

1．A社の概要と計数

　A社は，国内業務用空調市場で40％強のシェアを持つだけでなく，
2010年に空調機器売上高で世界トップ企業となった売上高約1兆8000億
円，営業利益約1600億円（2014年3月期）の空調機器専業メーカーであ
る。2013年時点で海外売上高比率は7割を超え，海外従業員比率は78％
と文字通りグローバル企業である。国内業務用エアコン市場では長年に
わたりダントツのシェアNo.1であるが，国内ルームエアコン市場にお
いても大手家電メーカーと常にシェアNo.1を争うポジションにいる。
2009年度から2013年度まで増収増益（営業利益）を達成し売上高営業利
益率も一貫して上昇してきた（図2-13～2-15参照）。現会長は1994年
に社長に就任して以来，現在にいたるまでトップを務め，当社をグロー
バルナンバー1企業に導いたカリスマ経営者である。なお，2014年6月
にCEOを現社長に引き継いでいる。

　会長は，人の可能性を信じる「人を基軸に置いた経営」[5]で強力なリー
ダーシップを発揮してきた。また「正面の理，側面の情，背面の恐怖」[6]
を兼ね備えたたぐいまれなリーダーであり，関係者の「納得性」[7]を大切
にする経営でも知られている。

　同社の強みは，省エネ性の高いインバーター技術などのコア技術や，
冷媒制御技術などの摺り合わせ技術などに代表される高い技術力および
小型から大型，ダクト式までの豊富な品揃えの開発力にある。また，冷
媒まで手掛ける世界唯一の空調機器メーカーであり，環境性能の高い新
冷媒R32で他社を一歩リードしている。さらにモノづくりについては，

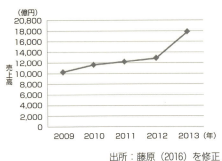

図2-13　A社の売上高の推移

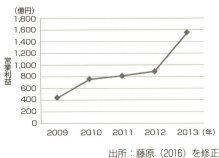

図2-14　A社の営業利益の推移

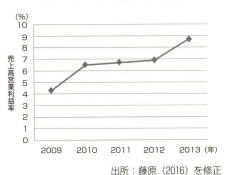

図2-15　A社の売上高営業利益率の推移

　国内では同社独自の生産システム（PDS）により混合一個流しというハイサイクル生産（生産サイクルを3日ごとに見直し）を実現し需要の変動に柔軟に対応するとともに，生産リードタイムを6時間に短縮するなど，在庫・リードタイムの最小化を図っている。またシェアNo.1の顧客基盤も大きな強みである。業務用エアコン販売ルートはゼネコン，工務店など多岐にわたっており，これらを束ね多様で強力な販売網を構築している。海外では販売代理店の買収を積極的に行い，自社のコントロール下に置くことで，高い売上高成長率を維持している。

第 2 章　VRICマップによる事例分析

　　これらの表層の技術力・開発力や生産システム，販売網の背景には，深層としての「高度な矛盾のマネジメント」が存在している。ここで矛盾[8]とは，「戦略性と人間性」，「本部と事業部」，「短期と中長期」，「集権化と分権化」，「標準化と個別対応」といった一見，両立しがたいもののことである。これらの矛盾するものを高いレベルでバランス・両立させるのが「高度な矛盾のマネジメント」であるが，それがA社では行われている。あたかも弁証法のテーゼ対アンチテーゼを一段高いジンテーゼで統合しているかのようである。

　　A社の財務指標の推移グラフは図 2 -13～ 2 -15の通りである。なお数字は，同社の2009年から2013年の 5 カ年の有価証券報告書に記載の数字である。

2．A社のVRICマップ

　　分析にあたり参考とした情報・データのソースとしては，関係者インタビュー，有価証券報告書，同社会長の著書等の他，同社ホームページにある会社情報，製品情報，アニュアルレポート，およびお客様訪問シリーズ（導入事例）等である。また，着眼点は，ものづくり（技術力・生産システム），矛盾のマネジメントの構造，シェアNo. 1 の顧客基盤，規模の経済，在庫・リードタイムの最小化，グループ経営理念，および会長のリーダーシップ等である。これらに基づくA社のVRICマップは，図 2 -16， 2 -17の通りである。

　　VRICマップ（図 2 -16，図 2 -17）から次のことがわかる。IAの「技術力・開発力」がVPの「省エネ性能＋高付加価値（光速ストリーマ機能等）」，「多様な品揃え（小型から大型，ダクト等まで）」を実現している。さらにこのVPの進展がIAに一層磨きをかけるという相互関係にあ

55

第Ⅰ部　VRICマップの基本

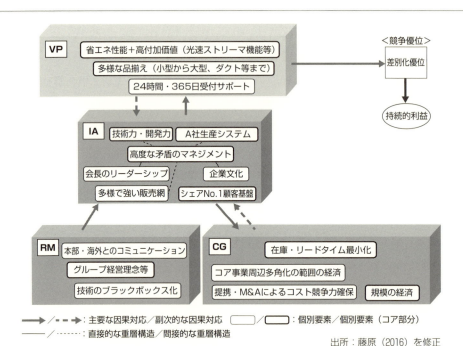

図2-16　A社のVRICマップ　TypeⅠ′（基本形）

る。なお，光速ストリーマ機能は，世界で唯一ストリーマ（プラズマ放電の一種）技術によりウィルス等の有害微生物を抑制・除去する除菌機能で，冷暖房運転をしない時も除菌単独運転（送風モード）で年間を通じて衛生的な空気環境を提供できる。またラウンドフロー（360度全周吹き出し）等も同社独自の高付加価値である。次にIAの「A社生産システム」がCGの「在庫・リードタイム最小化」につながっている。このCGのさらなる進展がIAに一層磨きをかけている。IAの「高度な矛盾のマネジメント」を生み出しているのは会長のリーダーシップや同社の企業文化であると考えられる。どこまで会長個人のものかそれとも企業文化となっているのかは定かでないが，会長がCEO退任後もトップマネ

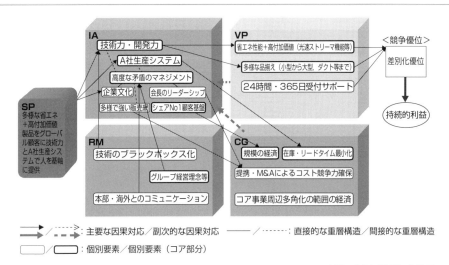

出所：藤原（2016）を修正

図2-17　A社のVRICマップ　TypeⅡ（フロー型）

ジメントとして取締役と会長を継続していることから，当面はゆるぎないものと考えられる。IAの「会長のリーダーシップ」と「企業文化」が「高度な矛盾のマネジメント」を構築し，それらが当社の特徴的な組織のマネジメントとして当社のIAである「技術力・開発力」，「A社生産システム」，「多様で強い販売網」を深層で支えている。

IAの「シェアNo.1顧客基盤」と「多様で強い販売網」がCGの「規模の経済」につながっている。またIAの「会長のリーダーシップ」は相手先トップとの信頼関係を通じ，CGの「提携・M&Aによるコスト競争力確保」につながっている。最終的にVPの「省エネ性能＋高付加価値（光速ストリーマ機能等）」，「多様な品揃え（小型から大型，ダクト等まで）」「24時間・365日受付サポート」が「差別化優位」を実現している。またRMの「技術のブラックボックス化」がIAの「技術力・開発力」を保護し，RMの「グループ経営理念等」，「本部・海外とのコミュ

第Ⅰ部 VRICマップの基本

ニケーション」がIAの「高度な矛盾のマネジメント」の破綻のリスク
を軽減している。

TypeⅡ（図2-17）からは特に次のことがいえる。上記TypeⅠ′から
わかることに加えて，ここでは個別要素の間の対応を図示している。ま
たビジネスデザイン（VRICマップ）の起点となるSPとして「多様な省
エネ＋高付加価値製品をグローバル顧客に技術力とA社生産システムで
人を基軸に提供」を加えている。このSPがIAの「技術力・開発力」や
「A社生産システム」「『基軸は人』の企業文化」につながっている。

まとめると，本VRICマップは，SPを起点とするVRICの因果対応の
ネットワーク（全体像）が，どのように差別化優位につながっているの
かを明示している。本マップによって明確になったのは，特に①IAの
「高度な矛盾のマネジメント」の重層構造と，このマネジメントがIAの
「技術力・開発力」，「A社生産システム」，「多様で強い販売網」を深層
で支えるという因果対応，②IAの「技術力・開発力」がVPの「省エネ
性能＋高付加価値（光速ストリーマ機能等）」，「多様な品揃え（小型か
ら大型，ダクト等まで）」につながる因果対応，③IAの「A社生産シス
テム」がCGの「在庫・リードタイム最小化」につながる因果対応と，
IAの「シェアNo.1顧客基盤」がCGの「規模の経済」につながる因果
対応，④RMの「グループ経営理念等」がIAの「高度な矛盾のマネジメ
ント」につながる因果対応，である。これらの個別要素は，因果対応の
ネットワークにおけるコア部分として，TypeⅡ（図2-17）において太
枠で囲っている。

A社のビジネスデザイン・戦略ロジックを模倣する，あるいは模倣し
ようとして成功した企業は今のところ見当たらない。IAの「高度な矛
盾のマネジメント」の重層構造（「会長のリーダーシップ」と「企業文

化」を含む）と，このマネジメントがIAの「技術力・開発力」，「A社生産システム」，「多様で強い販売網」を深層で支えるという因果対応がないのなら，模倣されても不思議はない。一方，他社に比べて必ずしも抜きんでて優れた技術があるとはいえない同社が継続的に高い業績をあげてきている（図2-15参照）ことには，インタビューや参考文献から推定されるIAの「高度な矛盾のマネジメント」がなければ，合理的な説明がつかない。たとえばインタビューで驚いたのは，会長がいつも戦略がないと指摘しているとの話であった。というのは，井上（2008，2011）では会長の考えとして「実行なき戦略は無に等しい」とあり，同社では，実行面が強調されていると認識していたからである。戦略と実行を高いレベルで両立・バランスさせるのは「高度な矛盾のマネジメント」がなければ無理である。筆者の実務経験からも，実際に戦略と実行を高いレベルで両立させるのは容易ではない。筆者の勤務した銀行では，「走りながら考えろ」とよくいわれたが，実態は，ほとんど考えず（戦略もなく），ライバルばかり見て走っていただけであった。このように，どちらかに偏りがちであり，高いレベルで両立あるいはバランスさせるのは容易なことではない。「高度な矛盾のマネジメント」の実現は経営者のリーダーシップに大きく依存するものの，もし実現できれば，競争上の大きな強みになる。

　またIAの「A社生産システム」がなければCGの「在庫・リードタイム最小化」を実現することは困難である。さらに，RMの「グループ経営理念等」という多様な組織を束ねる仕掛けがなければ，本来かじ取りの難しいIAの「高度な矛盾のマネジメント」は組織をばらばらにしがちであり，実現できないと考えられる。

第Ⅰ部　VRICマップの基本

3．B社業務用空調事業部門の概要

　　B社業務用空調事業部門のシェアは，国内業務用空調市場においてA社に次ぐ2位に位置している。大手総合電機メーカーの1事業部門になる同社の強みは，高いセンサー技術と解析データの蓄積，および他事業部門の技術（たとえば重電事業の連携技術）の活用により実現する高い快適性や省エネ性能である。また総合電機メーカーのグループとしてトータルな提案（たとえば，ビルの空調だけでなくエレベーター等も含む提案）が可能な点である。さらに全社的な先端・共通基礎技術開発の拠点を保持することで，グループ全体としての技術・開発力・サービス力を高めている。なお財務指標については，家電部門全体の一部として含まれるためここでは個別に分析できていない。

4．B社業務用空調事業部門のVRICマップ

　　本分析に使用した情報・データのソースとしては，関係者インタビューに加え，同社ホームページから使用した企業情報，法人のお客様および事例紹介等である。また，着眼点は，部門としての技術力，総合電機メーカーとしての技術・開発力・サービス力，他事業部の技術の活用とそれに伴う範囲の経済，および全社的な先端・共通基礎技術開発の仕組み等である。これらに基づく，B社業務用空調事業部門のVRICマップは，図2-18，2-19の通りである。

　　VRICマップ（図2-18，図2-19）から次のことがわかる。IAの「高いセンサー技術と解析データの蓄積」および「他事業部の技術の活用」がVPの「高い快適性・省エネ性能（360度可動式赤外線センサー，パワーシェア運転，スマートデフロスト等）」を実現している。IAの「冷媒

60

第 2 章　VRICマップによる事例分析

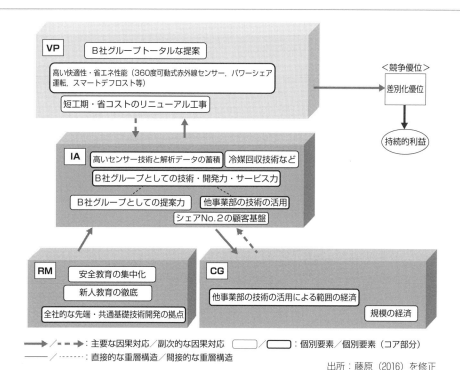

図 2-18　B社業務用空調事業部門のVRICマップ　Type I´（基本形）

回収技術など」がVPの「短工期・省コストのリニューアル工事」につながっている。さらにこれらのVPの進展がIAに一層の磨きをかけるという相互関係にある。またIAの「B社グループとしての提案力」がVPの「B社グループトータルな提案」につながっている。次に，IAの「他事業部の技術の活用」がCGの「他事業部の技術の活用による範囲の経済」に，IAの「シェアNo.2の顧客基盤」がCGの「規模の経済」につながっている。これらのCGのさらなる進展がIAに一層磨きをかけている。IAの「B社グループとしての技術・開発力・サービス力」がIAの「B社グループとしての提案力」，「他事業部の技術の活用」を深層で支

61

第Ⅰ部　VRICマップの基本

えている（破線部分）。最終的にVPの「高い快適性・省エネ性能」，「B社グループとしての提案力」，「短工期・省コストのリニューアル工事」が，差別化優位を実現している。またRMの「全社的な先端・共通基礎技術開発の拠点」がIAの「B社グループとしての技術・開発力・サービス力」の保持・拡充につながっている。

　TypeⅡ（図2-19）から特に次のことがいえる。上記TypeⅠ′からわかることに加えて，ここでは個別要素の間の対応を図示している。またビジネスデザイン（VRICマップ）の起点となるSPとして「固有技術とグループの技術・開発力・サービス力をもとにマーケットリーダーと差別化された価値の提供」を加えている。このSPがIAの「高いセンサー技術と解析データの蓄積」や「冷媒回収技術など」，「B社グループとしての提案力」，「他事業部の技術の活用」につながっている。

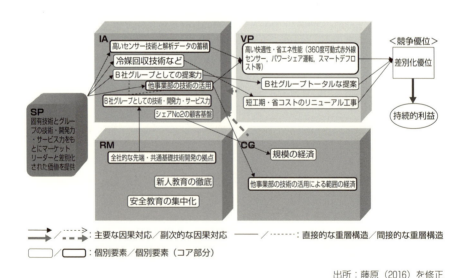

出所：藤原（2016）を修正

図2-19　B社業務用空調事業部門のVRICマップ　TypeⅡ（フロー型）

第2章　VRICマップによる事例分析

　まとめると，本VRICマップは，SPを起点とするVRICの因果対応の
ネットワーク（全体像）が，どのように差別化優位につながっているの
かを明示している。本マップによって明確になったのは，特に①IAの
「B社グループとしての技術・開発力・サービス力」がIAの「B社グル
ープとしての提案力」，「他事業部の技術の活用」を深層で支えるという
因果対応，②IAの「高いセンサー技術と解析データの蓄積」および
「他事業部の技術の活用」がVPの「高い快適性・省エネ性能（360度
可動式赤外線センサー，パワーシェア運転，スマートデフロスト等）」
につながる因果対応，③IAの「他事業部の技術の活用」がCGの「他事
業部の技術の活用による範囲の経済」につながる因果対応，④RMの
「全社的な先端・共通基礎技術開発の拠点」がIAの「B社グループとし
ての技術・開発力・サービス力」につながる因果対応，である。これら
の個別要素は，因果対応のネットワークにおけるコア部分として，
TypeⅡ（図2-19）において太枠で囲っている。

　インタビューや参考文献から見出せるIAの「他事業部の技術の活用」
は上述の通り，戦略ロジックのキーファクターとなっているが，IAの
「B社グループとしての技術・開発力・サービス力」が背景になければ，
実現は困難である。また，IAの「他事業部の技術の活用」がなければ
CGの「他事業部の技術の活用による範囲の経済」は存在しない。さら
に，RMの「全社的な先端・共通基礎技術開発の拠点」がなければ，IA
の「B社グループとしての技術・開発力・サービス力」の継続的な維持
は実現できないと考えられる。

63

3．まとめ

1．共通に見られる特徴

　以上，本章のVRICマップに比較的共通して見られることは，次の通りである。第1に，複雑で多様な因果対応のネットワークである。これは特に長期にわたり安定して高い業績をあげている「しまむら」，「国内空調機器メーカーA社」に顕著に見られるが，やや安定性に欠ける「ユニクロ」にも同様に見られる。その理由としては，①複雑さは模倣困難性につながり，②多様性は複数の収益エンジンを持つことであり，リスクを低減し，安定性を増すことにつながる，からと考えられる。

　第2に，ひとつのIAから複数のVPへつながっており，IAが多重利用され，効率的となっていることである。

　これらについては，本章の冒頭に述べた共通の考え方・視点に立って分析したのだから当然であるという異論があるかもしれないが，その点を割り引いても，VRICマップは一定の合理性を持ってそれぞれの戦略ロジックを説明・可視化できており，入手できた情報・データの範囲内では，これら以外に合理的な説明は困難であると考えられる。

2．VRICマップの貢献

　以上を踏まえて，ここで従来のフレームワークやツールでは見えなかったが新たに「VRICマップによって可視化されたこと」，一方で「VRICマップでは可視化されなかったこと」，について説明する。

▶新たに可視化されたこと

①個々の要素のレベルにおいて加わった(Add)もの

・IAの重層構造・現象面の可視化が付加された。

・RMに初めて明示的に光を当てることで、RMの可視化が付加された。

②全体像のレベルにおいてつなげた(Connect)もの

上記①を踏まえ、VRICの要素を組合せ・つなげることにより、主にポジショニング・アプローチと資源アプローチを接合した概念レンズとして有効なものとした。具体的には、SPにつながっていく「戦略ロジック：因果対応のネットワーク（全体像）」を可視化した。

③結論

要するに、Add + Connect = Visualize（可視化）、すなわち IAの

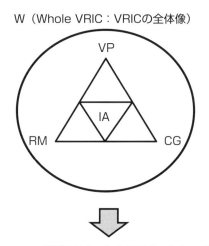

出所：筆者作成

図2-20　VRICマップの核心

第Ⅰ部　VRICマップの基本

重層構造・現象面とRMを加え，VRICとしてつなげることで，戦略ロジックを可視化したといえる。これがVRICマップの核心である（図2-20参照）。

　VRICマップは，先行概念の問題，すなわち，戦略ロジックがよく見えない，描くには難易度が高い，という点に対応する，「戦略ロジックを可視化する精度の高い（よく見える）かつ扱いやすい概念レンズ」として有効なものである。これがVRICマップの貢献である。

▶可視化されなかったこと

①VRICマップに固有の問題

　基本的にVRICの要素でとらえきれないものは，可視化できないことになる。しかし，誤解を恐れずにいうならば，各要素の広い内容[9]を踏まえると，特に重要な事項をとらえきれていないとは筆者は現在考えていない。もちろん，VRICマップの可視化のレベルは，観察者の経営に関わる知識・経験等が反映される側面があるので，現時点でとらえきれていないものがある可能性はある。ただし，次で述べるように，これ自体は他のフレームワーク・ツールにおいても同様である。

②他のフレームワーク・ツールと共通の問題点

　共通の問題点としては2つ考えられる。第1は，内部関係者情報の不十分さである。具体的には，関係者インタビュー等による情報が不十分であれば，関係者しか知りえないような重要な事項が見落とされる可能性がある。上述のケース紹介についていえば，国内空調機器メーカーの事例以外は，関係者インタビューが実施できていない。したがって，その事例では重要な事項が見落とされている可能性がある。第2は，観察者の持つ知識・経験・情報等が不十分なことによる重要事項の見落とし

の可能性である。実際，筆者のしまむらのVRICマップは時間を経るにつれ，より精緻なものに進化してきた。これは第三者の意見等を踏まえ，さらに情報収集や洞察を重ねた結果である。

これを「自分とは何者か」の探求のアナロジーを活用して考えてみる。「自分」には3つあると考えられる。すなわち，「自分の思う自分」，「他人が思う自分」，「本当の自分」の3つである。内部関係者情報は，いわば「自分が思う自分」であり，観察者の持つ知識・経験・情報等に基づくマップは，いわば「他人が思う自分」であり，それとは別に本当の戦略ロジック，つまり「本当の自分」がある。「本当の自分」により近づくためには，「自分が思う自分」と「他人が思う自分」，それも「複数の他人が思う自分」をすり合わせることが必要である。すなわち，内部関係者情報の入手と複数の観察者の持つ知識・経験・情報等に基づいてVRICマップが作成できれば，より本当の戦略ロジックを可視化するVRICマップに近づけることができる。

3．VRICマップの産業横断での適用可能性

本章の事例分析は，小売業および製造業の事例が対象であり，純粋なサービス業の事例研究は，まだ出来ていない。しかし，第1章第2節で述べた通り，VRICマップの基本4要素はビジネスデザインを描くに必要十分なものであり，これらは産業によりその必要十分性に違いがでるとは考えにくい。すなわち，VP，CGはビジネスの本質のひとつである価値の創造と配分・獲得に関わり，RMはそれらに関するリスクのマネジメントであるから必要である。残りのIAについて，産業によって重要性が異なる可能性はあるが，純粋なサービス業，たとえば，映画や金融業であれば，人に一体化した情報的資産（無形資産）の競争優位の源

第 I 部　VRICマップの基本

泉としての重要性は，他産業よりも大きいと考えられる。一方，これら
の基本 4 要素以外に，サービス業に固有の不可欠な要素が別にあるとは
考えにくい。いずれにしても，サービス業の事例研究は，第 7 章の
「VRICマップの可能性と展望」にあるように，取り組むべき課題であり，
それらの事例研究を通じて，VRICマップの産業横断での適用可能性に
ついて，ていねいに論証していく必要がある。

注

1　コントローラーは，全店の商品在庫管理や店舗間移動，売り場オペレーション
　　等の現場作業全般にわたる指示を出す本社に属する約70名のスタッフである。店
　　舗にある数万点の商品アイテムが店舗に入荷してから売り場から無くなる（売り
　　切る）までの在庫管理はコントローラーの役割である。

2　Treacy and Wiersema（1995）邦訳，p. 55では，企業の「価値基準」（戦略の方
　　向性）を①オペレーショナル・エクセレンス（経営実務面の卓越性：最良の総コ
　　スト），②製品リーダー（最良の製品），および③カスタマー・インテマシー（顧
　　客との親密性：最良の総合的解決策）の 3 つに分けている。オペレーショナル・
　　エクセレンスは，顧客に信頼できる製品ないしサービスを競争的な価格で，かつ
　　それに伴う困難さやわずらわしさを最小のものにして提供することとしている。

3　M社員とは，現在のしまむらの主力であるパート社員である。M社員制度は能
　　力がありながらフルタイムで働きにくい主婦層を基本に，高い処遇と家庭と両立
　　できる時間シフト制をもって構成されている。第一線（店舗）で働くM社員の中
　　から有能な人材を店長として登用しており，現在約 7 割の店長がこの制度から誕
　　生している。

4　前社長・現会長の藤原秀次郎氏によれば，当社の基本的な考え方のひとつは会
　　社を大きくすることではなく，まずよい会社を作ること，それは社員の長期的な
　　満足を実現する会社を目指すこと，としている。実際，M社員制度等に見られる
　　ように，パート従業員が働きやすい職場環境を提供してきた。

5　井上（2008）p. 204.

6　同上，p. 265.

7　同上，p. 228.

8　伊丹・加護野（2003）は，矛盾とは，両立しがたい複数のことを考えなければ
　　ならない状況，あるいは経営の諸要素の間にうまく整合性がとれないような状況
　　であり，この矛盾のマネジメントは経営者の大きな仕事であり，究極の仕事とし
　　ている。また，柳井（2015）は，経営は矛盾との戦いであり，矛盾解決なしには
　　次の成長はなく，この矛盾を解決すればチャンスが大きく広がる，としている。

9　基本的に，VPには顧客価値に関わるものはすべて，IAには無形資産としてとら

68

えられるものはすべて，CGにはキャッシュ／利益創出に関わるものはすべて，RMにはリスクに関わるものはすべて取り込むことが可能であり，その説明力は十全であると筆者は考えている。

第Ⅱ部
VRICマップの理論

第3章

キャッシュ・ジェネレーターとリスクマネジメント

　本章では，キャッシュ・ジェネレーター（CG）およびリスクマネジメント（RM）について詳述するが，なぜここで特にとりあげるのかの理由を述べておきたい。

　CGとRMはVRICマップの大きな特徴である。CGはキャッシュ/利益を生み出す仕組みであるが，この言葉は筆者のこだわりの造語である。儲け（利益）を生み出す仕組みについては，ビジネスモデルをはじめこれに焦点を当てたものは存在するが，戦略ロジックの文脈で焦点を当てたものは少ない。そこで本マップでは，VRICの視点を使って戦略ロジックの文脈で，この仕組みをCGとしてとらえようとしている。このCGについて本章では詳しく説明するものである。

　一方RMは，一般的イメージでは自然災害や不祥事等への対応の側面だけが強調されやすいが，戦略ロジックの文脈では，特定の戦略にともなうリスクを如何にマネジメントして，その戦略を機能させていくのかに焦点を当てることが求められる。その必要性について，本章では詳しく述べるものである。ハイリスク・ハイリターンという言葉があるが，切れ味するどい戦略ほど，両刃の刃としてのリスクも大きい。そのハイリスクをいかにミドルリスクにマネジメントしていくかがポイントとなる。ハイリスク・ハイリターンのままなら，長期的利益は望めないし，

73

第Ⅱ部　VRICマップの理論

そもそも経営は必要ない。

1．キャッシュ・ジェネレーターの定義

　本節では，聞きなれない言葉であろうキャッシュ・ジェネレーター（CG）の具体的内容を詳細に説明していく。CGは筆者の造語であるが，キャッシュ/利益を生み出していく仕組みという意味合いで名付けたものである。

　説明の順番としては，まず利益式などの基本的な考え方を述べてから，CGの3次元定義，そして具体的内容を説明していく。

1．基本的な利益式の考え方

　基本的な利益式の考え方は次の通りである。

$$利益 ＝（単価－単位コスト）× \quad 販売量$$

　ここで，VP（価値提案）は直接的には売上（＝単価×販売量）に関係し，CGは利益式のすべての要素に関係する。

　この利益式から販売量を除けば，製品1単位当たりの利益（マージン）の観点からは，競争環境の下での利益向上のためには，単価をあげる（機能・品質向上等の差別化優位）か，単位コストを下げる（コスト優位）か，あるいは両方かのいずれかである。また，競争優位とは競争の圧力に負けることなく利益を得る企業の力と考えられるので（淺羽・牛島，2010），このことは，競争優位の源泉は差別化優位とコスト優位であることを意味している。

74

2．利益，WTPおよび競争優位

本項では，利益，顧客の支払い意欲（WTP：Willingness To Pay）および競争優位について考察する。WTPは，製品やサービスに対して顧客が支払ってもよいと考える上限の価格のことである（Brandenburger and Stuart, 1996）。つまり，製品やサービスに対する顧客にとっての魅力度を金額で表したものといえる。

またVPは顧客の視点に立ったものであり，結果としての顧客価値（CV: Customer Value）である。なぜなら戦略ロジックの観点からは，VPは正確には顧客ベネフィット（Customer Benefits）の提案ではなく顧客価値の提案であるからである[1]。一方，CGはあくまで企業側の視点から見たキャッシュ／利益を生み出す仕組みである。

以上をふまえ，Pを単価（Price），Cを製品1単位当たりのコスト（Cost；含む販管費）とすると，以下のようにいえる。

①顧客の視点

戦略ロジックの観点からは，VPは実現されたCVである。またCV＝WTP−Pとなる（川上，2011）。CVは顧客が製品を顧客は選ぶ基準であり，最大のCVを持つ製品を顧客は選択することになる。

②企業の視点

マージン＝P−Cであり，競合他社を上回るWTP−Cが競争優位となる。そして，利益のぎりぎりの下限はP＝Cである。すなわち，最大限のCV＝WTP−Cとなる。なお，ここでは利益の総額ではなく製品1単位当たりの利益であるマージンに注目している。

第Ⅱ部　VRICマップの理論

③結論

VPつまりCV（＝WTP−P）が競合他社より大きい時，顧客に選ばれることになる。実際に利益になるかどうかはマージン（＝P−C）により決まる。結局，競争優位は，WTP−Cによって決まるのでWTPを大きくするか（差別化優位），Cを小さくするか（コスト優位）あるいは両方の達成が，競争優位の源泉になる。これは，上述の競争優位は差別化優位とコスト優位のどちらかあるいは両方の達成であるという結論と同一である。

3．キャッシュ・ジェネレーターの具体的内容

▶CGの3次元定義

伊丹・加護野（2003）は，競争戦略を次の3つの選択を中心とする事業活動の設計図であるとしている。すなわち，①製品・市場セグメントの選択，②どのような差別化をするのかの選択，および③ビジネスシステムの選択である。このうち①と③を構造的選択としてその組合せを「競争ドメイン」と呼んでいる。①製品・市場セグメントの選択は，誰に何を売るのかという最も基本的な決定であり，③ビジネスシステムの選択は，何を自社が行う業務とするのかの基本的な決定である。

キャッシュ／利益を生み出す仕組みであるCGの観点から見れば，競争ドメインは，「誰に何を売るのか，その際自社は何の活動を行うのか」という，キャッシュ／利益を生み出す仕組みの中のベースとなるものである。一方，差別化を差別化優位だけではなくコスト優位等も含めた広い意味でとらえるなら，上記②の選択は，CGの観点からは，キャッシュ／利益を生み出すためにどのような差別化を行うのかととらえることができる。

76

もとより企業は，取り扱う製品・市場セグメントと，実際に業務活動を行うビジネスシステムを持っている。企業は，事業内に複数の製品・市場セグメントを持つ場合，利益の源泉となる製品・市場セグメントを持たなければならない。これに加えて，企業は社内のいわゆるビジネスシステムあるいはバリュー・チェーンのどこかにも利益の源泉を持たなければならない。つまり，ビジネスシステムの段階——設計／開発・調達・製造／生産・マーケティング・流通・販売・保守／サービス——のどこで活動し（どこを自社が担当し），どこに利益の源泉を求めるかである。ここまでが競争ドメインにおける選択となる。加えて，利益の源泉となる広い意味での差別化を行わなければならない。この差別化をCGのEngine（駆動部）ともいうべき"Strategic Drivers"（SD：戦略形成要因，以下SDという）とする。SDには，規模の経済や範囲の経済，経験曲線効果などがある（藤原，2008）。なお，このSDも筆者の造語であり，詳細は後述する。

以上をまとめてCGを定義すると，「製品・市場セグメント，ビジネスシステムの段階およびSDとの組合せであり（図3-1参照），いわば競

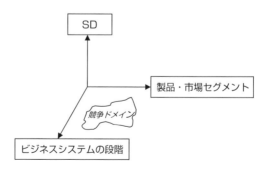

出所：藤原（2008）を修正

図3-1　キャッシュ・ジェネレーターの3次元定義

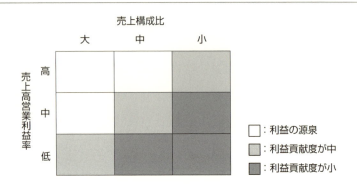

図3-2 製品・市場セグメントの利益貢献度

争戦略をキャッシュ／利益を生み出す仕組みの観点からとらえたもの」がCGである。

たとえば、衣料小売業のしまむらのCGを考えてみると、(1)製品・市場セグメントは、主婦を中心としたファミリー向けデイリーファッション衣料、(2)ビジネスシステムは、完全買取集荷型小売り、自前のロジスティクスなど、(3)SDは、非常に低い販管費率、完全買取制による安値仕入、店舗間移動による低い値下げ率、規模の経済である（藤原, 2014）。ユニクロのCGは、(1)製品・市場セグメントは男女・年齢を問わないベーシックカジュアル衣料、(2)ビジネスシステムはSPAであり、さらに委託先工場の品質管理・生産管理への関与・指導、東レとの提携による高機能衣料開発まで行う点、(3)SDは、高機能・高品質による製品差別化、規模の経済等である（石原・竹村, 2008；藤原, 2011a）。

製品・市場セグメントの軸については、企業の収益性を売上高営業利益率で考えると、利益の源泉（利益貢献度が大）となる製品・市場セグ

メントは，図3-2の白抜き部分である。

　また各製品・市場セグメントの利益貢献度は，それぞれの売上高営業利益率×売上構成比÷事業全体の売上高営業利益率となり，事業全体の売上高営業利益率は，それぞれの売上高営業利益率×売上構成比の合計，つまり各製品・市場セグメントの売上高営業利益率を加重平均したものとなる。

　すなわちここで，

　各製品・市場セグメントの売上高営業利益率（ROS）：Rk

　各製品・市場セグメントの売上構成比率：Sk

　各製品・市場セグメントの利益貢献度：Ck

　とすると，

$$全体のROS = \sum_{k=1}^{n} RkSk$$

$$Ck = \frac{RkSk}{\sum_{k=1}^{n} RkSk}$$

となる。

　一方，ビジネスシステムにおける利益の源泉については，たとえば技術による製品差別化であれば研究・開発であるし，原材料等の大量仕入れによる仕入れ値の低下であれば調達，強力なブランドにあればマーケティングとなる。

　なお実際にVRICマップを作成する際，CGのカテゴリーには，この3次元のうち最も重要であるSDに絞り込んで簡潔に記載することになる。

▶SDの内容

　CGの中でも重要なSDの内容は，差別化優位，コスト優位，課金方法

（誰から何にどのように支払いを受けるか）の３つのカテゴリーおよび
間接的なSDの４つから構成される。

①差別化優位

差別化優位のドライバー（自社の製品・サービスに対する顧客の
WTPを競合他社より高めることに貢献しうる要因）は主に製品に関わ
る差別化である。淺羽・牛島（2010）は差別化優位のドライバーとして
以下の事項をあげている。

・製品の特性

・顧客心理（ブランド等）

・活動の特性（販売・配送の体制，取引条件）

・補完的な製品・サービス（周辺機器やソフトの充実，顧客サポー
ト）

②コスト優位

コスト優位のドライバー（コスト・ドライバー：事業活動の費用を大
きく左右する要因）の主な項目は，淺羽・牛島（2010）があげている事
項に「スピードの経済」を加えたものである。

・規模の経済

・経験曲線効果

・範囲の経済

・スピードの経済

・高い稼働率

・独自の技術，バリュー・チェーン

・サプライヤーとの関係

③課金方法

　川上（2011）は，利益創出の体系的意思決定として，「誰から利益を得るのか」，「何が利益のカギになるのか（バリュー・ドライバーとキャッシュ・マシン）」，「どのように利益を得るのか（一時的か継続的か）」をあげている。ここで，バリュー・ドライバーとは，顧客に価値を伝道するための製品・サービスのことである。キャッシュ・マシンとは，多くの利益を獲得する製品・サービスのことである。カミソリ事業を例にとれば，バリュー・ドライバーはカミソリ本体であり，キャッシュ・マシンはカミソリの替え刃である。

　これはすなわち，課金方法（誰から何にどのように支払いを受けるか）であり，上記①，②とは次元が異なるものである。

④間接的なSD

　加藤（2014）は，基本的に事業の収益性を左右するのは取引先にとっての自社の必要性と代替性であるとし，その必要性と代替性に影響を及ぼす主たる要因として製品差別化，参入障壁，スイッチング・コスト，ネットワークの外部性の4つをあげている。このうち1番目の製品差別化は，既述の①差別化優位のドライバーとしてあげてきたが，他の3つは，間接的に利益に影響するSDの代表的なものである。すなわち間接的なSDとしては，参入障壁，スイッチング・コスト，ネットワークの外部性があげられる。

2．リスクマネジメントの重要性

　次に本節では，VRIC（要素）の大きな特徴であるリスクマネジメント（RM）の，戦略ロジックにおける重要性について考察を進めていく。

第Ⅱ部　VRICマップの理論

戦略に関わるRMの視点は，第1章のRRCのトライアングル（図1-3）で述べたように，極めて重要であるにもかかわらず，あまりスポットライトをあびることの無かった戦略ロジックの基本要素である。本節では，まず経営戦略論の主要課題である企業の成功・失敗要因の探求についてのアプローチについて概観する。それから失敗要因の探求についての既存のフレームワーク/理論（先行研究）の問題点を明確にした上で，特定戦略のロジックにおける失敗要因の対応であるRMの重要性を明らかにするとともに，VRICマップによるアプローチの有効性について検討する。

1．成功要因・失敗要因への分析アプローチ

　経営戦略論の主要課題のひとつが，企業の成功・失敗要因の探求とその理論化にあることはいうまでもない。特に成功要因，つまり何故その企業は高い業績をあげているのか，共通していると考えられる要因は何かが研究者の主要課題であるが，実務家にとっては，「わが社はどうすれば高い業績があげられるのか」が主要課題である。そして成功・失敗要因の構造すなわち経営戦略の核心が戦略のロジック[2]，つまり戦略が機能する理由である（Saloner, Shepard, and Podolny, 2001；沼上，2006；淺羽・牛島，2010；楠木，2010）。実際，「経営戦略論という学問は，経営戦略に携わる人々が，よりよいロジックを持つために必要な視点を提供することを目的として発展してきた」（淺羽・牛島，2010，p.16）のである。

　巷には，成功のための普遍の法則をうたうビジネス書があふれている。古くは『エクセレント・カンパニー』から『ビジョナリー・カンパニー』など多くのベストセラーが世に出ている。しかし，これだけ同様の

ビジネス書が売れ続けているというのは，逆説的にいうと，実は普遍の法則など見つけた人はいないからである。もしベストセラーがいうように普遍の法則が見つかっていれば，そこでベストセラーは打ち止めのはずである。Rosenzweig（2007）は，これらのビジネス書が陥る過ちをハロー効果をはじめとする9つの「妄想」に整理し，厳しく批判している[3]。なおここでのビジネス書には，著名な学者の著書も含まれている。長瀬（2008）も，このようなビジネス書について素朴理論などとして，因果関係を明確にしていない神話のようなものと批判している[4]。つまり沼上（2006）がいうようにビジネスに普遍の法則はないが，論理（うまく機能する理由）はあるのが現実である。また実際には，成功には偶然の要素が大きいというのが本当であろう。

　一方，研究者の経営戦略論の世界では，マクロ的な視点からは，沼上（2009）によればポジショニング・アプローチや資源アプローチをはじめとする5つの経営戦略観に大別される。またミクロ的な視点からは個々の要素についての成功との因果関係の探求が行われている。しかし，実務家の視点からは，常に「では，わが社はどうすればいいのか」が中心課題であるが，淺羽（2009）が指摘するように，残念ながら現在の戦略論は，いくつかの分析ツールを提供してはいるが，それらを使って戦略をどう策定すれば良いかについてはほとんど語っていない。これが実務家のニーズに十分応えていない現在の戦略論の限界であり，実学的戦略論のニューフロンティア[5]ということになる。

　ここで企業の成功・失敗要因の探求についてのアプローチの全体像を整理してみる。第1に，成功要因の探求，つまり成功事例の研究は数多いが，失敗事例の研究は比較的少ない。しかしよく考えてみると，成功するためには失敗しないことが前提となる。失敗事例・要因の研究も失

第Ⅱ部　VRICマップの理論

	共通	コンテクスト依存
偶然	×	×
必然	○	◎

×：研究の対象外
○：研究の対象
◎：研究の重点対象

出所：藤原（2011a）をもとに作成

図3-3　成功要因研究の傾向

	共通	コンテクスト依存
偶然	×	×
必然	◎	○

×：研究の対象外
○：研究の対象
◎：研究の重点対象

出所：藤原（2011a）をもとに作成

図3-4　失敗要因研究の傾向

敗を避けることがその目的であろう。ただ失敗しないだけであれば，せいぜい業界の平均的なパフォーマンスしかあげられない。そこで，平均を上回るパフォーマンス，つまり成功するための工夫，要因が必要となり，そこに注目が集まることになる。ところが，実際はそう簡単ではない。環境を所与とすれば，成功要因を維持できないことが，失敗につながる，つまり失敗要因に転化することも考えられる。なぜなら多くの仕組み・システムが成功要因を前提に構築されており，成功要因が機能しなくなると悪循環がおき，一気に業績が悪化することもあり得るからである。一方，成功要因とされる成功企業の共通点は，失敗企業にもあったかもしれず，成功との因果関係は疑わしい可能性がある。いずれにしても，成功の前提は成功にたどりつけなくなるような大きな失敗をしないことであるから，成功要因だけでなく，失敗事例から考察される失敗

84

要因や，成功事例において想定される失敗につながる要因を通じても失敗しなかった要因も推察・探求する必要がある。ここで失敗しない要因とは，失敗要因の顕在化を避けるための手立てのことであり，すなわちリスクマネジメントそのものである。

ところで，アプローチの全体像を考える上で，成功要因・失敗要因（あるいは失敗しない要因）の切り口とは異なるいまひとつの切り口は，事例に共通する（Generic）要因・コンテクスト依存（Specific）要因の軸である。成功要因は基本的にはコンテクスト依存中心であり，一方，失敗要因は両方の領域に分布していると考えられる。研究の重点は，成功要因については，共通からコンテクスト依存に移りつつあるように見える一方，失敗要因（あるいは失敗しない要因）についての研究は共通が中心で，コンテクスト依存は比較的少ない（藤原，2011a，2011b）。残りのもうひとつの軸は，偶然（運によるものか）・必然（蓋然性のあるものか）の軸である。これらの全体像を一覧にしたのが，図3-3および図3-4である。

もちろん，偶然（運・不運等）は，環境分析の一部ではあってもそれ自体が研究の対象にはなり得ない。しかし，重要なのは，成功・失敗はコントロール不可能な偶然（運・不運等）という要素に大きく左右され得るという事実である。残念ながら，どんな優れた戦略も運が悪ければ成功しないであろう。そういう意味で，戦略は偶然を成功に結びつける可能性を高める手段ともいえる。

2．RMの重要性をふまえたVRICマップアプローチの有効性

前述の，失敗しない要因とは，つまり失敗を避けるための手立てであ

第Ⅱ部　VRICマップの理論

り，まさにRMに他ならない。しかし従来この視点，つまり成功するた
めのRMの視点が，特定の戦略やコンテクスト（文脈）において経営戦
略論で議論されることはあまりなかった。

　戦略は特定のコンテクストにおける特殊解であるが，戦略自体がコン
テクスト依存のものならば，失敗要因についても，戦略そのものに関わ
る必然・コンテクスト依存の領域でもっと研究が行われてもよいはずで
ある。ただし，最近では三品（2010）が，戦略の「暴走」にテーマを絞
り込んで，この領域における多数の短い暴走事例をあげている。ここで
は，戦略暴走に関する嗅覚の醸成が意図されている[6]。戦略は競争環境
において成功を目指すものであるから，必然・コンテクスト依存の領域
に重点があるのは当然であろう。なぜならもし直接的に共通で，成功と
因果関係の強い要因があるとすれば，すぐに競争企業に模倣されて，長
期的な成功・高業績は消えてしまうからである。一方，戦略は失敗を目
指すわけではないから，失敗要因についてコンテクスト依存の要因を学
習しようとする意欲はそがれ，必然・共通の領域が重点になるのも自然
の流れであろう。この領域における最近の研究としては，『エクセレン
ト・カンパニー』の失敗事例版であるFinkelstein（2003）の *Why
Smart Executives Fail : And what you can learn from their mistakes*[7]や
Sheth（2007）の *The Self-Destructive Habits of Good Companies : And
how to break them*[8]がある。

　しかし，成功は失敗しないことが前提であることを考えれば，失敗要
因の必然・コンテクスト依存の領域にもう少し重点があってしかるべき
である。なぜなら，優れた戦略ほど，諸刃の剣で伴うリスクも大きいた
め，いかにその戦略が失敗しなかったかが重要だからである。すなわち，
経営者が意識するかしないかは別として，失敗を避ける，つまり特定の

戦略に伴うリスクの顕在化を避けるという意味で，RMが重要である。

ところで，RMについて検討する際には，2つのアプローチが考えられる。ひとつは，直接的アプローチで，特定の戦略に伴い想定されるリスクへの対応を考え，準備することである。誤解を恐れずに単純化していえば，戦略に関わるPros（賛成）& Cons（反対）およびメリットとデメリットの中から，Conの部分とデメリットの部分からリスクを想定・対応し，失敗しないようにすることである。もうひとつは，間接的なアプローチで，多くの失敗事例から戦略に関わる失敗要因を学習し，それらを基に，特定の戦略に伴うリスクを類推してそれらへの対応を考え，準備することである。

まとめると，先行研究の問題点は，失敗要因および失敗しなかった要因への分析アプローチとして必然・コンテスト依存の領域が不十分であり，RMの重要性が十分に認識されてこなかったことである。そこで戦略ロジックにおけるRMの重要性を踏まえれば，RMをその基本要素として取り込んでいるVRICマップがこの分野への有効なアプローチと考えられる。このVRICマップの具体的な有効性については，第2章の事例分析をご覧いただきたい。

なお，上記は成功事例・成功要因の戦略ロジックであるが，競争優位を「競争劣位」に，持続的利益を「持続的損失」に読み替えれば，失敗事例・失敗要因の戦略ロジックが描けることになる。

このように戦略ロジックにおいてRMは重要であり[9]，この重要な，戦略に関わるリスクプロファイル（リスクの大きさとその所在）の明確化を含めたRMを分析検討し，戦略ロジックに取り込む上で，VRICマップによるアプローチが有効と考えられる。

第Ⅱ部　VRICマップの理論

3．まとめ

　最後にRMを取り込んだVRICマップの意義について述べる。第1に成功している戦略ロジックを考察する上で，単に成功したあるいは成功する要因を検討するだけではなく，失敗しなかったあるいはしない要因の側面を直接的および間接的に検討することが重要である。なぜなら成功するための前提はまず失敗しないことだからである。これは特定のコンテクストにおけるRMの側面である。第2に戦略ロジックを可視化するフレームワークとしてこのRMの側面を含み，大まかに要素のカテゴリー化とテンプレート化を図っているVRICマップは，先行研究のフレームワークが抱える問題にある程度対応し，有効性があると考えられる。第3に戦略ロジックの可視化として，取っ掛かり易いあるいは組みしやすくRMを含むVRICマップは，実務家による戦略ロジックの分析，つまり経営戦略の大衆化に貢献することが期待できる。

注

1　顧客が特定の製品・サービスを選択する基準は，あくまで顧客価値であって単なる顧客ベネフィットではない。川上（2011）もビジネスモデルの観点から，同様なVPの考え方をとっている。なお，Kotler and Keller（2006）では，VPを，企業が約束する顧客ベネフィットの集合ととらえているが，上記の通り，筆者はその立場をとらない。VPをこのようにベネフィットの提案ととらえる傾向があるので，本節では，VPとCVおよびWTPをあげてその関係を明示した。

2　Saloner et al.（2001）は，戦略の構成要素の中で最も重要なのは，企業がどのように目標を達成しようとしているかを示すロジック（論理）であるとし，内容としては，どのようにこの戦略が機能するのか，この事業範囲や競争優位性がなぜ優れた企業業績につながるかという理由を戦略のロジックとし，企業がなぜ成功するのかを論理的に示すものがロジックであるとしている。また淺羽・牛島（2010）は，経営戦略のロジックを，それを指針として活動していくことがなぜ企業に利益をもたらすと考えられるのかという根拠とし，具体的には，①領域，②優位性，③手段・手順における具体的な選択が組み合わさった時に，自社の利益

88

を高めると考えられる理由としている。

3 Rosenzweig（2007）は，9つの「妄想」として①ハロー効果（業績からの後づけの論理），②相関関係と因果関係の混同，③理由は1つ，④成功例だけを取り上げる，⑤質の悪いデータによる徹底的な調査・分析，⑥永続する成功，⑦絶対的な業績（実際は業績は相対的なもの），⑧解釈のまちがい，⑨組織の物理法則（実際は，業績は普遍の法則に支配されていない）をあげている。

4 長瀬（2008）も，広く知られたビジネス書にも不適切な推定が見られるとし，Peters and Waterman（1982，邦訳1983年）の『エクセレント・カンパニー』，Collins and Porras（1994，邦訳1995年）の『ビジョナリー・カンパニー』，Kim and Mauborgne（2005，邦訳2005年）の『ブルー・オーシャン戦略』をあげている。

5 三品（2009）は，『組織科学』（第42巻第3号）の「特集『実学的戦略論のニューフロンティア』に寄せて」の中で，戦略を実学と位置付けた場合に，現在の戦略論の兵器庫はお寒い限りと言及し，戦略論のニューフロンティアは4本の特集論文の共通点である戦略の形成プロセスという課題にあるかもしれないと指摘している。

6 三品（2010）は，巨額の特別損失を出したという結果をもって，戦略暴走と呼んでいる。ここでは，ハーバードビジネススクールのケースメソッドにならって，179のケースを取り上げ，経営者が良かれてと思って落ちた「落とし穴」を通じて，戦略の難しさを知らしめている。戦略の不全や暴走といった研究の背景として，失敗を熟知しない限り，成功の重みはわからないという確信があるとしている。また，外見は華やかな成功も，実は無数にある落とし穴を連続して回避する，ドタバタ劇のようなものと指摘している。リスクマネジメントが重要なゆえんである。

7 Finkelstein（2003）は，事業の失敗に責を負う経営者の7つの習慣として，①自分と会社が市場や環境を支配していると思い込む，②自分と会社の境を見失い，公私混同する，③自分は全知全能だと勘違いする，④自分を100％支持する人間以外を排斥する，⑤会社の理想像にとらわれ，会社の完璧なスポークスマンになろうとする，⑥ビジネス上の大きな障害を過小評価して見くびる，⑦かつての成功体験にしがみつく，をあげている。

8 Sheth（2007）は，エクセレント・カンパニーを蝕む7つの習慣病として，①現実否認症，②傲慢症，③慢心症，④コア・コンピタンス依存症，⑤競合近視眼症，⑥拡大強迫観念症，⑦テリトリー欲求症，をあげている。

9 Hitt, Ireland, and Hoskisson（2009）では，各種戦略に関わるリスクについて論じている。

第4章

先行研究

　どの分野の研究においても，新たな研究の多くは先行研究の上に立つ
ものであり，先行研究の問題点（課題）への対応として発展してきたも
のである。VRICマップもその例外ではない。したがって，本章では先
行研究を概観した上で，その問題（課題）を明らかにしていく。

1．先行研究の概観

　戦略ロジックに焦点を当てた，あるいはそれに関わる先行研究[1]とし
ては，次のものがあげられる。

1．競争戦略に関わる分野の先行研究

　第1にあげられるのは，因果の連鎖というロジックそのものではない
が，成功に導いた企業の諸活動相互間のフィットを可視化したものとし
て，Porter（1998）の活動システムマップがある。これはどんな活動が
重要であるのか，そして活動相互の関係を示したものである。具体的に
は，優先順位の高い戦略テーマ（例えば低い仕入価格）を黒い円，密接
に関連した活動（例えば完全買取仕入）を灰色の円で示し，両者が関連
していることを円の間を実線で結び示している。第2に，バランスト・

91

スコアカードで著名なKaplan and Norton（2004）の戦略マップがある。これは，戦略のロジック，つまり特定の戦略がなぜ成功に向けて機能するかの因果関係をバランスト・スコアカードの4つの視点，すなわち①財務の視点，②顧客の視点，③内部プロセスの視点，④学習と成長の視点から，ある程度可視化し，要素をカテゴリー化しテンプレート化している。第3に，楠木（2010）の戦略ストーリーがある。これは，ストーリーとしての競争戦略の視点で，戦略ロジックを真正面から扱ったものであり，ストーリーとして因果関係の流れを描き，因果の重要性の違いにも言及している。顧客へのユニークな価値提案とその結果として生まれる利益に向かって駆動していく論理の流れをストーリーとして描いている。つまり，動画としてダイナミックに因果論理の流れをとらえようとするものである。

　また，特に戦略ロジックを一定の枠組みでとらえようとしたもの，すなわちテンプレート化したものとしては，加護野・井上（2004）の事業システム戦略における事業システム分析の基本テンプレートがあげられる。価値分析シート（事業の定義），Porterの5つの要因，経済原理（収益モデル），ポジショニング，事業システム（インプットとアウトプット），事業の活動システム（Porterの活動システム）等によって，①価値システムのレイヤー，②活動システムのレイヤー，③資源システムのレイヤーにより事業システムを重層的にとらえようとするものである。要するに，Porterの活動システムマップに価値と資源の面を加えたものである。もうひとつ，類似のものに井上（2006）のP-VAR（Position，Value，Activity，Resource）分析がある。これは，ポジションのレイヤー（差別化），価値システムのレイヤー（中核価値），活動システムのレイヤー（主要・詳細活動），資源のレイヤーの重層構造で，相互

間のフィットおよび活動システムを収益エンジン（収益活動システム）と成長エンジン（開発活動システム）に分け，収益エンジンと成長エンジンの相互循環という投資回収のサイクルを埋め込んで戦略ロジックをより動態的に描こうとしている。

2．ビジネスモデルに関わる分野の先行研究

　戦略ロジックに主に間接的に取り組んでいる領域として，近年，実務・学術両面の観点から研究が多くなっている，ビジネスモデルがある。ビジネスモデルの定義や構造については多様な説があるが，ここでは戦略ロジックの視点から見るので，単に構成要素をあげているだけで要素間の関係性に明確に触れていないもの，あるいは触れていてもなぜこのビジネスモデルが機能するかを要素間の関係から説明しようとしていないものは取り上げていない。

　ビジネスモデルの研究については，従来の価値提供・提案を中心としたものから利益を生み出すメカニズムにも取り組むものまである。たとえば，戦略ロジックの構成要素に関しては，ビジネスモデル研究の分野においても，Johnson, Christensen, and Kagermann（2008），Zott, Amit, and Massa（2011），川上（2011）などの研究がある。しかしまだ，利益創出のメカニズムに真正面から取り込んだ研究は少なく，まして戦略に関わるリスクを明確に取り込んだモデルは見受けられない。

　Johnson, Christensen, and Kagermann（2008）では，ビジネスモデルはお互いに関係し合う4つの要素から成り立っており，これらによって価値が創造・提供されるとしている（JCKモデル）。この4つの要素とは，次の通りである。第1に，一番重要とされる顧客価値の提供（CVP: Customer Value Proposition）である。第2は利益式（Profit

Formula）で，収益モデル，コスト構造，利益率モデル，資源回転率から構成される。第3は，カギとなる経営資源，第4はカギとなるプロセスである。偶然にもVRICマップに類似しているが，相違点については，第5章表5-1に整理している。

またMasanell and Ricart（2011）では，構成要素として，方針・資産・ガバナンスの選択，弾力的な結果および厳格な結果に分け，それらが好循環するモデルを描いている。

川上（2011）では，ビジネスモデルを①顧客価値創造スキーム，②価値提供スキーム，③利益創出スキームに分け，それぞれについて詳細に分析をしている。

Osterwalder and Pigneur（2010）では，以下の9つの構成要素をあげている。すなわち，①顧客セグメント，②バリュー・プロポジション，③顧客との関係性，④チャネル，⑤収益の流れ，⑥カギとなる資源，⑦カギとなる活動，⑧カギとなるパートナー，⑨コスト構造，の9つの要素である。これらの集合体を「ビジネスモデル・キャンバス」と呼び，ビジネスモデルの設計書，すなわち，ビジネスモデルを記述し，ビジュアルライズし，評価，変革するための共通言語として提案している。

ビジネスモデル研究全体を俯瞰したものとして，Zott, Amit, and Massa（2011）が，近年のビジネスモデル研究について整理・分析し，今後の研究の方向性について言及している。いずれにしても，当然のことであるが，多様なモデルの共通した傾向として，ビジネスモデルは顧客と企業の両方に価値を創造・提供するものとされている。顧客にとっての価値は，文字通り顧客価値であり，企業にとっての価値は，利益である。

２．先行研究の問題

　戦略ロジックの構造の可視化の視点から見た，以上の先行研究の問題を，本節では述べる。ここで，戦略ロジックの構造とは，優れた業績へつながる個々の具体的な因果関係（因果論理）の構造全体であり，その可視化とは，それら本来は目に見えないものを図等の表現により見えるようにすることを意味する。可視化に際しては，ある程度のテンプレート化（戦略ロジックを一定の枠組みでとらえること）が有効な出発点となると筆者は考える。逆にいえば，テンプレート化していない，あるいはテンプレート化が難しいと戦略ロジック自体をイメージすることが容易ではないという問題がある。この点についてはまた後述する。

1．競争戦略に関わる分野の先行研究の問題

　第１のPorter（1998）の活動システムマップでは，どんな活動が重要であるのかや活動相互の関係はわかるが，もともと因果関係の連鎖を示そうとしたものではないので，因果関係自体はよく見えない。また，活動とそれを支える経営資源・組織能力が混在しやすい感がある。さらに，要素がカテゴリー化されていないのでわかりづらい。またこのままの形では，かなり高い理解力・能力がないと活動システムマップを描くのは容易ではない。

　第２のKaplan and Norton（2004）の戦略マップは，確かに戦略のロジック，つまり特定の戦略がなぜ成功に向けて機能するかの因果関係をある程度は可視化しており，要素をカテゴリー化しテンプレート化しているので理解しやすく，描くのもそれほど難しくはないかもしれない。

ただ，戦略マップの目的は，策定された戦略の実行のためのマップ（デザインや仕組み）であり，特定の戦略がなぜ所与の競争環境下で有効に機能するのかのロジックは必ずしも明確に示していない。IT用語で例えれば，戦略マップは，戦略というプログラムを組織というコンピュータが実行できるようにバランスト・スコアカードという機械語に「翻訳」する，つまり「コンパイル」するためのものである。そこには，因果連鎖の強弱などは示されてはいないし，もともと戦略実行のためのデザインであるからその必要もないのであろう。

　第3の楠木（2010）の戦略ストーリーについては，戦略ロジックを真正面から扱い，ストーリーとして因果関係の流れを描き，因果の重要性の違いにも言及している。しかし，こちらも要素は明確にはカテゴリー化されておらず，理解は難しくないが，自分で描くにはやはり難易度が高い。楠木は，戦略ロジックのテンプレート化に批判的であり，それはそれで理解できる面もあるが，分析・評価や策定の出発点としてのテンプレートの必要性は否定できない[2]。楠木は，テンプレート化が安易なツールとして使われ，肝心の論理が軽視される傾向があることを指摘し，例として本来は高度な論理と判断が必要なSWOT分析がいわばお手軽なテンプレートの戦略論になっているとしている。確かに現実の使い方がそれに近い面はあろうが，それは使い方の問題であり，また複雑な因果論理から目をそらすリスクがあるというデメリットがあるからといって，戦略ストーリーのとらえ方のほうが優れていると一概にはいい難い。完全なモデルやフレームワークは存在するはずはなく，すべてのモデルやフレームワークには一長一短があるはずである。

　また筆者がなぜ，カテゴリー化やある程度のテンプレート化にこだわるのかは次の理由による。まず，要素のカテゴリー化とその大枠の位置

関係を取り込んだテンプレートにより，戦略ロジックの分析・評価が容易となる。まっさらに近い状態から，既存の戦略ロジックを可視化すべく描いていくのはかなりの理解力・能力が必要とされ，一般の実務家には難しい。分析・評価の段階では，研究者が描けばよいとはいえるが，それを一般の実務家が理解するのは，よほどわかりやすく描かれていればよいが，そうでなければ，かなり複雑で理解は必ずしも容易ではない。さらに，一般の実務家が自身で戦略ロジックを可視化する段階となると，極めて困難な状況になろう。要するに，戦略ロジックをイメージする取っ掛かり・出発点としてのカテゴリー化・テンプレート化が必要である。人はイメージできないものは理解できないし，自ら生み出すこともできないからである。

　一方，テンプレート化を試みた加護野・井上（2004）の事業システム戦略における事業システム分析の基本テンプレートは，基本的にレイヤーとその要素間のフィット・関係を静態的・断面的にとらえたもので，戦略ロジックのある一面はとらえているが，本質的な因果関係の動態的な連鎖のネットワークをとらえきれていない。レイヤーレベルのカテゴリー化はあるが，どうやって利益を生み出しているのか，リスクマネジメントをどうしているかは見えにくい。

　また井上（2006）のP-VAR分析は，ポジションのレイヤー，価値システムのレイヤー，活動システムのレイヤー，資源のレイヤーの重層構造で，相互間のフィットおよび活動システムを収益エンジンと成長エンジンに分け，収益エンジンと成長エンジンの相互循環という投資回収のサイクルを埋め込んでより動態的に描こうとしているものの，単純な循環形態なため，やはり本質的な因果関係の動態的な連鎖のネットワークをとらえきれていない。また，詳細なP-VARの図も因果関係がわかり

第Ⅱ部　VRICマップの理論

にくい。

2．ビジネスモデルに関わる分野の先行研究の問題

　Johnson, Christensen, and Kagermann（2008）のJCKモデルでは，4つの要素（顧客価値の提供，利益式，カギとなる経営資源，カギとなるプロセス）の具体的な因果関係が明示されるような形にはなっていない。Masanell and Ricart（2011）のモデルでは，動態的な因果関係の流れは描いているが，各要素（方針・資源・ガバナンスの選択，弾力的な結果，厳格な結果）に具体的に何が入るのかがわかりにくい。川上（2011）のグランドデザインでは，各スキーム（顧客価値創造スキーム，価値提供スキーム，利益創出スキーム）の詳細内容は明示してあるものの，具体的な因果関係が明示できる形になっていない。Osterwalder and Pigneur（2010）のビジネスモデル・キャンバスでは，9つの主要要素にカテゴライズしたテンプレートになっており，ビジネスモデル構築法としての網羅性・実用性は高い一方，焦点がぼやけ，要素の統合化を難しくするきらいがある。要素間の具体的な相互関係を明示するには要素が多すぎ，むしろチェックリスト的なテンプレートといった感もある。

3．まとめ

　以上，先行研究を検討した結果，戦略ストーリー以外は，戦略ロジックがよく見えない一方，戦略ストーリーは自分で描くには難易度が高いことが問題としてあげられる。

　これらの問題に対応しようして考案したVRICマップであるが，そ

のためには，戦略ロジックを統合的/包括的に可視化するフレームワーク・ツールである必要があった。

このVRICマップが「統合的/包括的」であるという点を，次章の競争戦略論の区分におけるVRICマップの位置付けといった形で見てみよう。

注

1　競争戦略論全体における主な先行研究については，第5章において論述する。

2　テンプレート化が統合的な発想等を妨げる面があるとの指摘がある一方，逆にテンプレート（形）から入って創造的な発想に至ることも十分にあり得ると考える。JCKモデルのJohnsonは，著書 *Seizing the White Space : Business Model Innovation for Growth and Renewal*（邦訳2010年，pp. 48-51）の中で，演出家スタニスラフスキーが，ある俳優が重大な脅威が差し迫っている設定で机の下に身を隠す演技を求められ，俳優が机の下に身を隠すほどの恐怖の感情を呼び起こせないで困っているとき，まず机の下に飛び込んで丸くなればよいと助言した。行動を先に起こすことで俳優は恐怖を感じること（恐怖の演技）ができたという例をあげている。つまり，この偉大な演出家は創造性あるインスピレーションが「形」を生み出す場合ばかりでなく，「形」をつくることによりインスピレーションの扉が開かれる場合もあることを明らかにしたとしている。転じて，JCKモデルの4つの要素を形ととらえ，天才経営者でない大多数の人間が，ビジネスモデルを刷新・創造するためには，明確な枠組みである「形」とマネジメント可能なプロセスの確立が必要であるとしている。

| 第5章

競争戦略論における
VRICマップの位置付けと意義

　　VRICマップが対象とする競争戦略論の分野では，いくつかの主要な
流れあるいは区分がある。その中でVRICマップがどう位置するのかを
明らかにすることで，VRICマップがどのような意義を持っているかを
示す。また，戦略ロジックに何らかのアプローチを試みる他の諸概念と
比較することで，VRICマップの意義・特徴をより詳細に述べていく。

　　本章ではまず，競争戦略論というマクロのフレームワークの視点から，
主要先行概念と比較しながらVRICマップの位置付け・意義を述べ，次
に戦略ロジックに関わる諸概念の視点から，同マップの意義・特徴を述
べていく。

1. 競争戦略論の区分における
主要先行概念の位置付け

　　経営戦略論（主に事業戦略・競争戦略論）の区分については種々の考
えがある。例えば，沼上（2009）は，5つの戦略観，すなわち①戦略計
画学派，②創発戦略学派，③ポジショニング・ビュー，④リソース・ベ
ースト・ビュー，⑤ゲーム論的アプローチをあげている。区分の数が多
いものでは，Mintzberg, Ahlstrand, and Lampel（1998）は，10のスク

101

第Ⅱ部　VRICマップの理論

ール，すなわち，①デザイン・スクール，②プランニング・スクール，
③ポジショニング・スクール，④アントレプレナー・スクール，⑤コグ
ニティブ・スクール，⑥ラーニング・スクール，⑦パワー・スクール，
⑧カルチャー・スクール，⑨エンバイロメント・スクール，⑩コンフィ
ギュレーション・スクール，に区分している。

　本節では，経営戦略論の中でも競争戦略論の区分において，マッピン
グする主要先行概念を概説した上で，主要先行概念の位置を区分上に図
示する。

　Porter（1980）は，産業の利益率を規定する「5フォースモデル」と
して，企業の外部環境である①産業内の同業者間での競争の激しさ，②
新規参入の脅威，③代替的な製品・サービスの脅威，④供給業者の交渉
力，⑤買い手の交渉力，をあげている。

　Barney（1991）は，資源アプローチの基本原理をまとめて，①価値
（Valuable）があり，②希少（Rare）であり，③模倣不可能（Inimit-
able）で，④代替不可能（Nonsubstitutable）な経営資源が持続可能な
競争優位を生み出すと主張し，これはVRINフレームワークと呼ばれて
いる（沼上，2009，p. 91）。

　Prahalad and Hamel（1990）は，コア・コンピタンスという概念を提
唱した。コア・コンピタンスとは，目に見える製品やSBUではなく，
その背後にある知識・行動の体系であり，これを武器として，企業は新
しい事業を創出し，長期にわたって競争に打ち勝ち，利益をあげていく
のである（沼上，2009，p. 77）。

　Brandenburger and Nalebuff（1996）の「バリュー・ネット（Value
Net：価値相関図）」はゲーム理論の考え方をベースとしている。ゲー
ム理論は，行為主体間の相互作用に重点を置いた社会科学の考え方であ

102

るため，バリュー・ネットでは，個々の企業（プレイヤー）を構成要素として，それらの間の関係性に着目する。この「バリュー・ネット」と上述のPorterの「5フォースモデル」という業界構造との重要な違いは，①業界ではなく個別企業を基本的な構成要素として個別企業の関係性に着目していること，②プレイヤー間の関係として利益を奪い合う競争関係だけではなく協調関係も想定されていること，③補完財（補完的）生産者（Complementors）という新たな要素が含まれていることである（加藤，2014，pp. 101-102）。

Mintzberg and Waters（1985）の創発戦略（Emergent Strategy）は，戦略は事前に詳細に策定されたものではなく，結果として事後的に創発するパターンであるという考え方である。

伊丹（1984）は，見えざる資産（Invisible Assets），すなわち情報的経営資源は，現在の事業活動を通じて蓄積されるだけでなく，蓄積された経営資源が将来の経営戦略を生み出す基盤となることで，継続的な企業成長が達成され，製品市場での優位性が確立されていくという考え方である（加藤，2014，pp. 114-115）。

Nonaka and Takeuchi（1995）の『知識創造企業』では，暗黙知と形式知の相互作用による知識創造モデルを提示した。このモデルでは，4つの知識変換モード，すなわち①個人の暗黙知からグループの暗黙知を創造する「共同化」，②暗黙知から形式知を創造する「表出化」，③個別の形式知から体系的な形式知を創造する「連結化」，④形式知から暗黙知を創造する「内面化」により，組織内でこの2つのタイプが変換されるプロセスを通じて，新しい知識が創造されるとしている。

以上の主要先行概念をマッピングする区分として本書では，わかりやすく，実務家にとっても示唆の多い青島・加藤（2012）の区分を用いる。

第Ⅱ部　VRICマップの理論

図5-1　競争戦略論の4つのアプローチ区分と主要先行概念の位置付け

　青島・加藤（2012）は，経営戦略（主として事業戦略・競争戦略）に関する理論的な考え方を，利益の源泉が「内」（企業内部の能力）にあるか「外」（企業外部の構造）にあるのかという区分と，分析の主眼が「要因」にあるのか「プロセス」にあるのかという区分，この2つの分類軸によって競争戦略論のアプローチを4つに区分した。この区分による4つのアプローチに上記主要先行概念をマッピングしたのが図5-1である。

2．競争戦略論の区分における VRICマップの位置付け

1．VRICマップの位置付け

　前節の青島・加藤（2012）の区分の中での，VRICマップの位置付けを見てみよう。

　VRICマップの4要素のうち，大まかにいえばVP，CGおよびRMはポジショニング・アプローチであり，IAは資源アプローチおよび学習アプローチである。この3つのアプローチのうち，VRICマップでは，ポジショニング・アプローチと資源アプローチの2つのアプローチの統合を図り，藤原（2011b，2013b，2014）[1]で示したように，従来，別々に

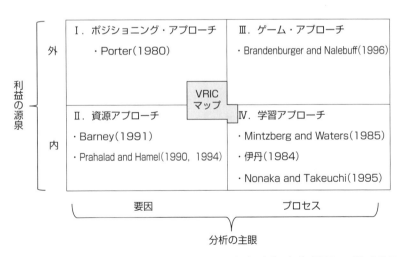

出所：青島・加藤（2012，p.18）を修正

図5-2　競争戦略論の4つのアプローチ区分におけるVRICマップの位置付け

第Ⅱ部　VRICマップの理論

取り扱われることが多かった2つのアプローチを明確にひとつのフレーム（マップ）に取り込んだことに意義がある。なお，VRICマップType Ⅱにある戦略的ポジショニング（SP）は，文字通りポジショニング・アプローチである。

図5-1にVRICマップの位置付けを加えたものが図5-2である。

2．ポジショニング・アプローチと資源アプローチとの関係

ところでポジショニング・アプローチと資源アプローチの論争，つまり産業属性の効果と企業固有の効果はどちらが企業の収益性に貢献するかという論争は，1990年代からのComponents of Variance（COV）等の統計手法による実証研究（Rumelt, 1991; McGahan and Porter, 1997）によると，産業属性の効果も企業固有の効果も両方重要という結論となっている[2]。

VRICマップは，両者をひとつのマップに統合化・フレーム化し，両理論を実務家にも使いやすくしたものである。つまり，VRICマップは2つのアプローチを統合しフレーム化したことにより，理論的に重視されるポジショニング・アプローチと資源アプローチを同時に実践するツールとして実務的に決着させたといえる（藤原, 2011b, 2013b, 2014）。

3．VRICマップと諸概念の特徴の比較

次にVRICマップの特徴を他の諸概念の特徴と比較して説明する。VRICマップと諸概念の特徴を比較したのが表5-1である。

今回比較したのは，SWOT分析，Porter（1998）の活動システムマップ，Kaplan and Norton（2004）の戦略マップ，楠木（2010）の戦略ス

106

表5-1 VRICマップと諸概念との比較

	主目的	① 個別要素の対応	② 階層性	③ 網羅性	④ 可視化の試み	⑤ 比較性	⑥ RM
VRICマップ	評価分析	○	○	△	○	○	○
SWOT分析	戦略策定	×	×	○	○	○	×
活動システムマップ	評価分析	△	△	○	△	△	×
戦略マップ	戦略実行	△	△	○	○	○	×
戦略ストーリー	評価分析	○	○	○	×	×	×
JCKモデル	評価分析	△	△	△	○	○	×
ビジネスモデル・キャンバス	戦略策定	△	△	○	○	○	×

○：対応している，△：ある程度対応している，×：基本的に対応していない

出所：藤原（2015）を修正

トーリー，Johnson, Christensen, and Kagermann（2008）のモデル（JCKモデル）およびOsterwalder and Pigneur（2010）のビジネスモデル・キャンバスである[3]。今回VRICマップと比較した6つの概念のうち，SWOT分析を除く5つの概念は第4章で簡単に説明した通りである。SWOT分析は，文字通り自社の強み・弱み，外部環境の機会・脅威をリストアップし，SWとOTとの組合せから，戦略代替案を考えていくツールである。SWOT分析は，戦略ロジックに関わる概念とはいい難いが，VRICマップの話をすると，SWOT分析との違いについてよく聞

第Ⅱ部　VRICマップの理論

かれるので，今回の比較に取り上げた。

　比較項目と比較評価結果は，次の通りであり，表5-1に一覧として
まとめた。

①個別要素の対応：各要素間の個別因果対応

　VRICマップは，VRICの個別要素間の因果対応を図示しているので
「○」。SWOT分析は，SWOTの個別要素間の対応を図示していないの
で「×」。活動システムマップは，因果対応そのものではないが，活動
の個別要素間の関連は示しているので「△」。活動システムマップでは，
優先順位の高い戦略的テーマを黒い円で，密接に関連した活動を灰色の
円で示し，実線で円の間の関係を示す。しかし，実線で示された関係が
因果対応なのか，重層関係なのか等，どのような関係であるかは不明で
ある。戦略マップは，財務の視点，顧客の視点，内部プロセスの視点，
および学習と成長の視点の個別要素間の因果対応をある程度は図示して
いるので「△」。戦略ストーリーは，個別要素間の因果対応を図示して
いるので「○」。JCKモデルは，4つの要素（顧客価値の提供，利益式，
カギとなる経営資源，カギとなるプロセス）のカテゴリー間の対応は示
しているものの（VRICマップType Ⅰ レベル），個別要素間の具体的な
因果対応を明示するような形になっていないので，「△」。ビジネスモデ
ル・キャンバスは，9つの要素間の因果対応を示すことはできるが明示
する形にはなっていないので，「△」。なお，VRICマップでの個別要素
の対応については，レベルが2段階ある。第1のレベルは，VRICマッ
プType Ⅰ のレベルで，VRIC要素間の全体の対応のみ表示するレベルで
ある。第2のレベルは，VRICマップType Ⅱ のレベルで，VRICの各個
別要素間の対応を表示するレベルである。この第1レベルにある概念は，

108

第5章 競争戦略論におけるVRICマップの位置付けと意義

「△」，第2レベルにある概念は，「○」となる。

②階層性：要素の重層構造等の明確化・可視化

　VRICマップは，VRICの要素間の階層性を図示しているので「○」。SWOT分析は，SWOTの要素間の階層性を図示していないので「×」。活動システムマップは，階層性そのものではないが，活動の個別要素間の関連は示しているので「△」。しかし，関連内容が不明なのは上述の通りである。戦略マップは，財務の視点，顧客の視点，内部プロセスの視点，および学習と成長の視点の個別要素間の階層性は明示していないので「△」。戦略ストーリーは，個別要素間の階層性を図示しているので「○」。JCKモデルは，個別要素間の具体的な階層性を明示するような形になっていないので，「△」。ビジネスモデル・キャンバスは，個別要素間の階層性は明示する形になっていないので，「△」である。

③網羅性：要素の網羅性

　VRICマップは，必要最小限の基本4要素に絞り込んでいるが，第1章で述べたように必要十分なので，「△」。SWOT分析は，各要素がかなり抽象的であるので，許容量は大きく，「○」。活動システムマップは，活動と考えることができるものはすべて取り込めるので，「○」。活動システムマップは，戦略的テーマの円を中心に置き，いくつもの関連活動を円で示すことができる。戦略マップは，4つの視点でとらえられるものはすべて取り込めるので，「○」。戦略ストーリーは，ストーリーの要素としてとらえられるものはすべて取り込めるので，「○」。JCKモデルは，VRICマップ同様に，4つの要素に絞り込んでいるので，「△」。ビジネスモデル・キャンバスは，9つの要素でとらえるので，「○」。

④可視化の試み：観察者が作成することの容易性および第三者が理解することの容易性[4]

109

第Ⅱ部　VRICマップの理論

　　VRICマップは，作成プロセスで示した通り，観察者が作成すること
の容易性があり，第三者が理解することについても第2章の事例分析で
論述の通り，容易性があるので，「○」。SWOT分析は，作成の容易性
および第三者の理解の容易性ともにあり，「○」。活動システムマップは，
理解はそれほど難しくないが，作成は容易ではないので，「△」。活動シ
ステムマップでは，何を戦略的テーマとして，何を関連する活動とする
のかは，カテゴリー化・テンプレート化していないので，作成者に大き
く依存しており，作成は容易ではない。戦略マップは，作成および理解
の容易性は相応にあるので，「○」。戦略ストーリーは，作成については，
経営に関する高いレベルの知識等が要求され，かなり難しく，理解も必
ずしも容易ではないので，「×」。JCKモデルは，作成および理解自体は
容易性があるので，「○」。ビジネスモデル・キャンバスは，作成および
理解自体は容易性があるので，「○」。

⑤比較性：作成した各企業別のモデル／マップの比較可能性（何が同じ
　　　　　で何が違うのか，つまりどこが模倣可能か，学べるのかがわ
　　　　　かる度合）

　　これは，要素がカテゴリー化されていないと比較性は低い。この比較
性が高ければ，同業他社だけでなく，他業界企業からも学ぶことが可能
となる。VRICマップは，4つの基本要素にカテゴリー化しているので，
「○」。SWOT分析も4つの基本要素にカテゴリー化しているので，
「○」。活動システムマップは，戦略的テーマおよび関連活動がカテゴリ
ー化されておらず，異なる企業のマップの比較性（何が同じで何が違う
のか，つまりどこが模倣可能か，学べるのかがわかる度合）は高くない
ので，「△」。戦略マップは，4つの視点でカテゴリー化されているので，
「○」。戦略ストーリーは，個別企業の因果対応の流れをストーリーとし

110

て細かく表示しており，それ自体は雄弁であるが，要素がカテゴリー化
されておらず，比較性は低いので，「×」。JCKモデル，ビジネスモデ
ル・キャンバスは要素がカテゴリー化されているので，「○」である。

⑥RM：リスクマネジメントの要素／カテゴリーとして取り込みの有無

　RM，すなわちリスクマネジメントの要素／カテゴリーの取り込み有
無については，VRICマップは「○」で，その他はすべて「×」である。
第3章で説明した通り，VRICマップは，構成要素の一番の特徴として
リスクマネジメントを取り込んでいるが，ここで比較したその他の概念
は，リスクマネジメントをカテゴリー化しておらず，明示的に取り込ん
でいるとはいえない。

4．VRICマップの意義と特徴

1．VRICマップの意義

　本章第2節で述べたように，ポジショニング・アプローチと資源アプ
ローチの統合化・フレーム化を行ったことが，VRICマップのまず最初
の意義である。そして，表5-1に示した通り，「個別要素の対応」と
「階層性」，「可視化の試み」と「比較性」がすべて「○」なのはVRIC
マップのみであり，また「RM」を取り込んでいるのもVRICマップの
みである。VRICマップはStrategy as a Whole，つまり戦略ロジックの
観点から静的（Static）に，全体として戦略を「個別要素の対応と階層
性」としてとらえている。それと同時に，VRICマップが個別企業事例
の比較可能性（「可視化の試みと比較性」）を持つことが，経営戦略論の
主要課題のひとつである実務家にとっての有用性（わが社はいかにすべ

111

第Ⅱ部　VRICマップの理論

きかを学ぶことができる可能性）として大きい。他の諸概念は，表5－1に示すように戦略ロジックの観点から全体をとらえていないか，とらえていても他社との比較が困難なため実務的な有用性が限られているからである。

ここで，改めてVRICマップの定義（VRICマップとは何か）について述べておく。第1に，VRICマップの物理的定義は，「4つの要素からなるビジネスデザインの基本マップ」である。第2に，マップの機能的定義は，「戦略ロジックを可視化するための精度の高い（よく見える）かつ扱いやすい概念レンズを目指したもの」である。すなわち研究者・実務家から見て，表5－1に示した他の諸概念と比べて「精度の高い（よく見える）かつ扱いやすい概念レンズ」であるための以下の条件を満たしているのがVRICマップである。

① 「可視化の試み（作成容易性・理解容易性)」，すなわち「扱いやすい概念レンズ」であるための条件：

　　作成容易性・理解容易性がなければ扱いが困難であり，一部の大変高度な経営理解力のある経営者等しか扱えなくなる

② 「個別要素の対応と階層性」，「比較性」，「RM」，すなわち「精度の高い」ものとするために必要な条件：

　　「個別要素の対応」と「階層性」がなければ具体的な因果対応の全体像がつかめないし，「RM」がなければ経営の必須要素を見逃すことになる。また，「比較性」がなければ複数企業のマップを比較することができないため，広い意味で精度の高い（よく見える）マップとはいい難い。

またこれも繰り返しになるが，VRICマップの機能的定義から考えら

112

第5章　競争戦略論におけるVRICマップの位置付けと意義

れる意義・活用方法を，実務家と研究者の2つの視点からまとめると，
次の通りである。

▶実務家の視点

- 2つのアプローチ（ポジショニング・アプローチと資源アプロー
  チ）を統合・実践する戦略分析ツールであることから，自社および
  競合他社の戦略ロジックを分析するためのツールとして利用できる。
- 他業界の企業のVRICマップを作成すれば，他業界企業からも学ぶ
  ことが可能である。
- 戦略ロジックを可視化する一方，戦略ロジックに関する自分の考え
  方（経験・知識に基づく）を可視化する側面もある。すなわち，作
  成者の経験・知識を映し出す鏡でもある。
- 戦略策定においては，直観等に基づく戦略構想をVRICマップに描
  くことで，論理的に突き詰め，構想をさらに彫琢し，練り上げるこ
  とが可能である。さらに，戦略を実行する前にそれが現実に機能す
  るかどうかある程度，論理的に検証することも可能である[5]。当然
  ではあるが，戦略は仮説であるから，実際にやってみなければわか
  らない側面は大きいが，VRICマップを使って事前にある程度検証
  することで成功する可能性を高めることはできる。この戦略策定に
  役立たせる可能性については，具体的な方法としてSWOT分析と
  の組合せが考えられる。これについては，第7章で検討する。

▶研究者の視点

- ポジショニング・アプローチと資源アプローチの2つの視点を持っ
  た戦略ロジックの分析フレームとして利用できる。

113

第Ⅱ部　VRICマップの理論

・本フレームを利用することで，戦略ロジックに関する数多くの事例
研究がスムーズに行える。また具体的には，VRICマップType Ⅰに
より企業間比較および異なった業界との比較が容易となる。さらに，
VRICマップType Ⅱにより特定企業の戦略ロジックのより深い分析
が可能となる。これらにより新たな知見探究の素地が醸成されると
考えられる。まさに戦略ロジックの全体像をわしづかみにする分析
フレームとして期待できるのである。

2．VRICマップの特徴

　主要先行概念と比較して際立ったVRICマップの特徴は次の通りであ
る。

　第1に，戦略ロジックの整合的な可視化の実現を図っていることであ
る。具体的には，構成要素間の因果対応をわかりやすく，かつ高業績の
ロジックを説明するに必要な細かさで表現しようとしたものである（第
2章参照）。先行研究の他の諸概念では，このわかりやすさと細かさの
レベル（具体性）を両立したものはないように思われる。

　第2に，最低限必要かつ不可欠な4つの要素に絞り込んでいることで
ある。4つに絞り込むメリットは，焦点を絞り込むことで，操作性を高
めること，本質的な要素を深く思索することができることである。さら
に，4つの要素にカテゴリー化し，テンプレート化することで，同一企
業の戦略ロジックの時系列比較や，同業他社の戦略ロジックだけでなく，
異業種の企業の戦略ロジックとも比較を可能としたことが大きなメリッ
トである。誤解を恐れずいうならば，VRICマップという共通のものさ
しで，時間を超え，業種の境界を越え，戦略ロジックを比較し，何が違
い，何が同じかを明らかにできるのである。

第5章　競争戦略論におけるVRICマップの位置付けと意義

　第3に，要素として直接にはプロセスを含めず，また単なる経営資源ではなく無形資産を要素として取り上げていることである。プロセスを加えないひとつの理由は，持続的な競争優位の確保にはプロセスよりもその裏にある種々のIAの方が重要と考えるからである。プロセスは一旦わかってしまえば，模倣しやすいが，問題は高いレベルでプロセスを実行できるかであろう。それには蓄積が容易ではない裏付けとなる無形資産が必要である。もちろん，模倣困難性には，色々な要因がからんでくるが，カネやモノといった経営資源ではなく，その重要な要因のひとつは，IAあるいはその組合せである。たとえば，かつてのシャープの液晶技術，あるいは同技術と新製品開発プロジェクト体制の組合せといったものである。業界で高い業績をあげている企業のプロセスを同じレベルで模倣できない理由のひとつがまさにこれである。

　第4に，Johnson, Christensen, and Kagermann（2008）等でも顧客の視点（Customer Perspective）であるVPおよび，企業の視点（Company Perspective）である経営資源やキャッシュ／利益創出の仕組みは構成要素としてとりあげられているが，VRICマップのように特に個別要素間の因果対応のロジックの中での2つの視点の統合を明示したものは見当たらない。特に，VRICマップTypeⅠ（基本形）では，構成要素の配置においても，上にVPを，その下にIA，RM，CGを配置して2つの視点を区分し，ひとつの図の中に取り込んでいる。VRICマップTypeⅡ（フロー型）では，配置はかわるものの，個別要素間の因果対応が2つの視点から明示されている。

　第5にVRICマップの意義としても触れたが，VRICマップTypeⅡに明示されるように，つまり，SP，VPとIAに代表されるように，経営戦略論の大きな2つの流れであるポジショニング・アプローチと資源アプ

115

第Ⅱ部　VRICマップの理論

ローチの2つの視点を明示的にひとつの図に取り込んでいる。筆者は，2つの視点の両方がそろってこそ，成功する戦略ロジックは描けるものと考えている。

注

1　VRICマップの事例として，いずれも衣料小売業であるが，藤原（2011b）では「ハニーズ」，藤原（2013b，2014）では「しまむら」，藤原（2014）では「ポイント」についてとりあげ，ポジショニング・アプローチと資源アプローチの統合フレームワークであるVRICマップの有効性を確認している。

2　この論争の決着については，入山（2014，2015a）に詳しい。

3　これら諸概念の戦略ロジック可視化における課題については，藤原（2013a）で詳しく述べている。

4　「観察者が作成することの容易性」とは，観察者がVRICマップを使って企業の戦略ロジックを可視化することの容易性であり，「第三者が理解することの容易性」とは，VRICマップに描かれた戦略ロジックを第三者でも理解することの容易性を意味している。この2つがワンセット（可視化の試み）になってVRICマップは実践的な戦略ツールとなっている。前者の容易性は第Ⅰ部第1章において示したVRICマップの作成過程の再現性によって説明しており，後者の容易性については第Ⅰ部第2章の事例分析におけるVRICマップの作図より論証している。

5　伊丹（2012）は，戦略の論理の重要性をあげ，「最初の直観的発想から戦略構想を練り上げるためにも，その構想の正しさを検証するためにも，戦略の論理をきちんと理解していることが不可欠である」と述べている（伊丹，2012，p. iii）。

116

第6章
VRICマップと
他の諸概念との相対的関係

　戦略ロジックに関わる様々な概念の違いは，主にそれらの視点と重点の違いに起因するものと考えられる。"All models are wrong, but some are useful."[1]といわれるが，そもそも完璧なモデルなどあり得ない。それぞれのモデルがどれだけ有効なのか，どんな時に有効でどんな時にそうでないのかなどを探るひとつの方法として，諸概念のポジショニングを特定軸により相対位置化（マッピング）することが考えられる。また先行研究では種々のモデルの概要，特徴等のリスト化はされてきたものの相対的な位置付け（ポジショニング）を明らかにしようとしたものはほとんど見うけられない[2]。マッピングの主な目的は，各モデルのポジショニングを通じて諸概念の特徴を把握するとともに，どのような状況において有効でどのような状況においては有効ではないのかといったことや，研究上の課題や方向性について示唆を得ることである。

　そこで本章では，特定の軸にそったマッピングをいくつか試みることにする。もちろん，各モデルの視点，スコープ，前提条件等が異なるのに同一線上で直接比較することには批判はあろうが，現実が多様な側面を有していることから多面的に見ることが必要であり，そのためには何らかの軸でもって相対位置化しないと，本来そのモデルがどのような視点・重点を持っているかが明らかになりにくいと考えられる。

117

1. VRICマップのポジショニング

　早速，以下，「システム開発プロセスのアナロジーの活用」，「2次元マッピング」，「3次元マッピング」の3つの視座からマッピングによるポジショニングを行う。

1. システム開発プロセス（ウォーターフォール・アプローチ）のアナロジーの活用

　1番目は，戦略ロジックの策定を含む戦略の策定のプロセスをシステム開発のプロセス（工程）になぞらえたアナロジーの活用である。両者とも将来に向けて稼働する人工物を作るという点で共通であるので，アナロジーを試みる。なお，ものづくりの設計のプロセス（概念設計，機能設計，構造設計，工程設計）になぞらえることも可能であるが，ここでは筆者が実務経験として携わったことのあるシステム開発のプロセスをとりあげている。

　一般に，システム開発のプロセスのウォーターフォール・アプローチ（滝のような段階的アプローチ）は，①基本計画（要件定義），②概要設計，③詳細設計，④プログラム設計，⑤プログラミング，⑥テストの6つのフェーズ（段階）から構成される。

　①基本計画（要件定義）は，ユーザーから見たシステムが果たすべき機能や条件，つまりユーザーがシステムに実現してもらいたい事項（要件）を定義するフェーズである。②概要設計は，基本計画での要件定義を踏まえ，システムの持つべき機能を確定し，システムの概要を設計するフェーズである。③詳細設計は，システム構造設計ともよばれ，概要

設計書をもとに，機能をプログラムレベルに分割し，各プログラムで実現する機能を定義するフェーズである。④プログラム設計は，文字通りプログラムを設計し，プログラマーがプログラミングできる仕様書を作成するフェーズである。⑤プログラミングは，実行プログラムの作成である。⑥テストは，プログラムが仕様通り動くのかのテストである。

　システム開発プロセスのアナロジーでは，戦略あるいは戦略ロジック策定のプロセスの対応を次のように考えることができる。

①基本計画：戦略的方向性の決定，つまり戦略に求められる方向性を定義する。具体的には，以下のように，SWOT分析等を踏まえたものがある。

　・差別化，コストリーダーシップ，集中，差別化・コスト統合，市場創造戦略の選択

　・オペレーショナル・エクセレンス，製品リーダー，カスタマー・インテマシーの選択（Treacy and Wiersema, 1995)，など

②概要設計：コア要素の設計（基本戦略の決定)，つまり戦略ロジックの骨格を決める。このフェーズで活用できると考えられる概念は以下の通りである。

　・VRIC マップ

　・戦略マップ

　・JCKモデル

　・Masanell and Ricartのモデル（以下，MRモデルと略す）

　・P-VAR分析

　・加護野・井上のテンプレート（以下，加護野モデルと略す）

　・川上のモデル（以下，川上モデルと略す）

③詳細設計：主要な要素の設計（詳細戦略の決定）である。
　　　　　・活動システムマップ
　　　　　・戦略ストーリー
　　　　　・ビジネスモデル・キャンバス
　　　　　・川上モデル
④プログラム設計：ビジネス（事業）プランの策定。
⑤プログラミング：アクションプランの策定，つまりこれで実行する。
⑥テスト：事業テスト（事業において戦略が有効かをテストする）。

　なお，川上モデルは，その内容のレベルにより，②のコア要素の設計にも③の主要な要素の設計にもなり得る。

　上述の通り，①～③の開発フェーズは戦略あるいは戦略ロジック策定のプロセスに対応しているが，④～⑥の開発フェーズは，計画（プラン）以降に対応しているので，ここでは関係ない。

　アナロジーの対応関係を図示すると図6-1のようになる。

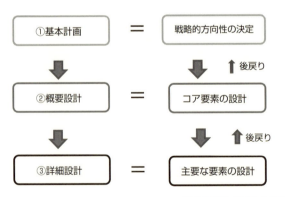

出所：藤原（2013a）を修正

図6-1　システム開発プロセスのアナロジーによるマッピング

第 6 章　VRICマップと他の諸概念との相対的関係

　注意すべきは，通常このタイプのシステム開発プロセスでは後戻りはないが，ビジネスデザインのプロセスでは，ある程度の後戻りが必要なことである。また，これらの区分は大雑把なもので，作成内容のレベルによっては 2 つのフェーズに該当することもあり得る。

2．2次元マッピング

　次に簡潔性・網羅性の軸と要因列挙型・メカニズム（関係性）解明型の 2 つの軸による 2 次元マッピングを試みる（図 6 - 2 参照）。ここで要因列挙型とは，要因（結果の原因となる要因）を単に列挙したもので，

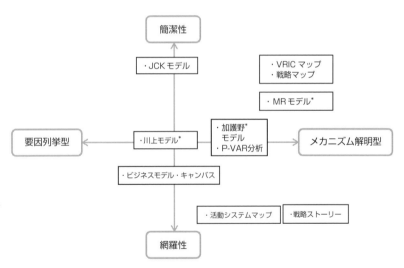

　なお，＊の概念は，戦略ロジックの可視化の観点から比較した表 5 - 1 にはあげていないが，ここでは戦略ロジックへの多様なアプローチ方法の例としてあげている。逆に，表 5 - 1 であげた SWOT 分析は，上述のシステム開発プロセスのアナロジーにおける，①基本設計（戦略的方向性の決定）に資するものなので，戦略ロジックへのアプローチ方法である諸概念の相対位置を示す本図ではとりあげていない。

出所：藤原（2013a）を修正

図 6 - 2　2 次元によるマッピング

メカニズム（関係性）解明型は，個々の因果関係を明らかにしようとしたものをいう。簡潔性・網羅性の軸と要因列挙型・メカニズム（関係性）解明型の2つの軸を取り上げた理由は，次の通りである。

第1に，概念としての簡潔性と網羅性にはメリット・デメリットがあり，どちらを重視するかで概念としての特徴が表れるからである。一般に，簡潔性を重視すれば焦点が明確になり，思考の深さや作成・理解の容易さ，操作性は向上するが，現象の説明力は減少し，現実との乖離が大きくなり，実践性は低下するであろう。一方，網羅性を重視すればその逆となる。

第2の，要因列挙型とメカニズム解明型については，要因列挙型は，スナップショットのような静態的なとらえ方であり，時間的な要因間の因果関係を考えていない，一方メカニズム解明型は，ビデオのように動態的なとらえ方であり，因果関係の連鎖を考慮する，あるいは少なくとも考慮しようとしているといえる。沼上（2009）のいうように，要因列挙型は，容易さとともに，諸要因を整理することによりメカニズム解明型を描く前提となる一方，メカニズム解明型は，深い思考と作成には長い時間が必要であろう。どちらに重点をおくかに各概念の特徴が表れる。

前項のシステム開発プロセスのアナロジーのカテゴリーとの対応では，基本的に「簡潔性重視」は②の「コア要素の設計」カテゴリーに，また「網羅性重視」は③の「主要な要素の設計」カテゴリーに対応することになる。

次に，要因列挙型・メカニズム解明型の軸によるカテゴリーでは，以下のような分類が考えられる。

・要因列挙型：JCKモデル，川上モデル，ビジネスモデル・キャンバス（部分的には「メカニズム解明型」）

・メカニズム解明型：VRICマップ，戦略マップ，MRモデル，P-VAR分析，加護野モデル，活動システムマップ，戦略ストーリー

3．3次元マッピング

　さらに上記の2つの軸に加え，もう1つの軸を加えた3次元マッピングが考えられる。もう1つの軸としては2種類あり，容易性に係る軸，つまり難易度の軸，そして戦略ロジックの分析重視・策定重視の軸の，2つの可能性がある（図6-3参照）。難易度の軸とは，概念によって構成要素の具体的な内容および要素間の関係をどれだけ容易に描けるかの軸である。3次元マッピングのメリットは，2次元マッピングに比べ，文字通り概念の特性を表す情報が増加し，それぞれの概念のポジショニングをより明確にできることにある。難易度の軸は，使用する目的に照らして，どのモデルを使うのかのひとつの尺度になり得るし，分析・策定重視の軸も同様である。

　なお，ここでは，3次元（立体的な）マッピングにすべての概念を図示するのは難しいため，VRICマップおよびVRICマップと同じ位置にある戦略マップを1つ図示するだけとする。まず難易度の軸にそった分類は次の通りである。

・難易度が低い：VRICマップ，戦略マップ，JCKモデル，P-VAR分析，加護野モデル，ビジネスモデル・キャンバス，川上モデル

・難易度が高い：MRモデル，活動システムマップ，戦略ストーリー

　同様に分析・評価重視・策定重視の軸にそった分類は以下の通りである。

第Ⅱ部　VRICマップの理論

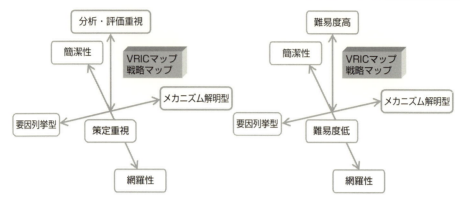

出所：藤原（2013a）を修正

図6-3　3次元によるマッピング

- 分析・評価重視：戦略マップ，JCKモデル，MRモデル，P-VAR分析，活動システムマップ，戦略ストーリー
- 策定重視：加護野モデル，ビジネスモデル・キャンバス（ただし変数が多いので実際にはチェックリスト的な利用も考えられる）
- 両方視野：VRICマップ（ただし，SWOT分析による補完が必要），川上モデル（ただし策定方法は明示されず）

なお，2次元マッピング，3次元マッピングともに，VRICマップと戦略マップは同様の位置にあるが，これは図の軸に対しては同様な位置にあるということであり，表5-1にあるように戦略ロジックの可視化の観点からは，両マップは異なる。

2．インプリケーション

システム開発プロセスのアナロジーでは，どの戦略策定フェーズで各

概念が使えそうかのインプリケーション（示唆）が得られ，フェーズによっての使い分けや検討すべき構成要素の優先順位付けや絞り込みに活用できると考えられる。たとえば，②概要設計ではVRICマップを使って，検討要素を絞り込み，骨格となる設計ができた段階で③詳細設計のフェーズに移り，ビジネスモデル・キャンバスを使ってより詳細に設計していき，不都合があれば，前フェーズのVRICマップに戻り，再検討するなどの方法が考えられよう。直接「主要な要素の設計」に入ってビジネスモデル・キャンバスを作成しようとするよりは効率的かつ容易であろう。一方，問題もないわけではない。大雑把な区分であり，各概念は必ずしもきれいに対応するわけではない点である。概念使用時のおおよその順序の目安と考えた方がよいと思われる。

　2次元マッピングおよび3次元マッピングのインプリケーションとしては，どのような条件のもとで，概念に何を求めるのか，その概念を使って何をしたいのかを明確にした上で，概念を使い分けるのに役立つと考えられる。

　2次元マッピングの簡潔性・網羅性については，たとえば検討時間に制約がある場合は，簡潔性の高い概念の方が使いやすいであろう。一方，時間もあり深く思考する余裕がある場合は，網羅性の高い概念を試みるのが得策であろう。ただし，フェーズ分けして，まず簡潔性の高い概念で戦略ロジックを組み立てて，その上で，網羅性の高い概念で精緻化と検証を行っていくことも考えられる。もっとも，概念間で必ずしも要素間の互換性があるわけではないので，スムーズに移行できるとは限らないといった問題もある。要因列挙型とメカニズム解明型については，やはりまずは要因列挙型で要因を整理した上で，メカニズム解明型に取り組むことが考えられる。またこの2軸を考え合わせれば，図6-2の2

次元マッピングの左から右に時計回りに進むといったルートのやり方も考えられよう。ただし，ここでも同様に要素間の互換性の問題が出てくる可能性はある。

さらに3次元マッピングについては，使用条件・目的によって，難易度が高くてもよいのか，分析・評価と策定のどちらを重視するのかによって概念選択の目安とすることが考えられる。ただし，3次元にすると考える軸が増えて，選択のプロセスが複雑にはなってくる。

以上は，概念の使用といったどちらかというと実務的な視点からの評価であるが，研究面の視点からは，各概念の相対位置化によりそれらの特徴を把握し，これからどのような要素の組合せが必要とされるのかといったような研究上の課題や方向性を探るのに役立つと考えられる。

3．VRICマップのポジショニングの評価

次にVRICマップのポジショニングの評価について述べる。VRICマップは，システム開発のアナロジーでは，②概要設計：コア要素の設計に対応している。またVRICマップは，2次元マッピングの簡潔性・網羅性の軸では簡潔性に，要因列挙型・メカニズム解明型の軸ではメカニズム解明型に重点を置いている。また3次元マッピングの分析評価・策定軸については，やや分析・評価よりであるが策定も視野に入れている。難易度の軸については，相対的に難易度は低めである。

第5章で述べた通り，最低限必要かつ不可欠な4つの要素に絞り込むメリットは，取り扱い易くすること，本質的な要素を深く思索することができることである。さらに4つの要素にカテゴリー化し，テンプレート化することで，VRICマップという共通のものさしで，時間を超え，

第6章　VRICマップと他の諸概念との相対的関係

業種の境界を越え，他社と戦略ロジックを比較し，何が違い，何が同じ
かを明らかにできるのである。VRICマップの使用フェーズについては，
②概要設計：コア要素の設計であり，さらに主要要素全体について設計
しなければ，実際に実行可能なレベルにはならない。すなわち，本マッ
プの位置付けは，次の③詳細設計：主要な要素の設計（詳細戦略の決
定）のベースとなる設計である。ここで，JCKモデルとの比較で，カギ
となるプロセスは要素として必要ないのかという疑問が生じる。プロセ
スを加え，5つの要素にするメリットは，網羅性の向上による説明力の
増加であるが，デメリットは焦点がややぼやけることと複雑化による難
易度の増大であろう。これだけだと加える方が得策にも思えるが，実際，
VRICマップに加えて可視化しても，見て理解するには複雑化する一方，
プロセスと，能力などのIAは表裏一体の関係にあり，マップを複雑に
する割には，ほとんど表現として重複するケースが多い。たとえば，的
確なマーチャンダイジングのプロセスは，IAとしては，的確なマー
チャンダイジング能力となってしまい，ほとんど同じ表現になってしま
う。プロセスを実現するのが能力なので当然ともいえる。このようなデ
メリットを考えると，少なくともマップ上にプロセスを増やす必要はな
いであろう。IAはカギとなるプロセスを実現するための無形資産であ
るから，そのとき対象のプロセスを考えればすむわけである。プロセス
を要素に加えないもうひとつの理由は，持続的な競争優位の確保にはプ
ロセスよりもその裏にある種々の無形資産の方が重要と考えるからであ
る。プロセスは，わかってしまえば模倣しやすいが，問題は高いレベル
でプロセスを実行できるかであろう。それには蓄積が容易ではない裏付
けとなる無形資産が必要である。もちろん，模倣困難性には，様々な要
因がからんでくるが，その重要な要因のひとつは，無形資産である。業

127

第Ⅱ部　VRICマップの理論

界で高い業績をあげている企業のプロセスを同じレベルで模倣できない理由のひとつがまさにこれである。よって重要なのである。ただ，新たな，かなり革新的なビジネスデザインを策定するときは，まずプロセスを中心に構想することはやはり必要であろう。

4．まとめ

　戦略ロジックへの様々な分析アプローチを，システム開発プロセスのアナロジーや特定の軸でマッピングすることで，各モデルのポジショニング（相対的位置付け）を明確にし，それぞれの有用性や組合せの効果を検討することができた。つまり，マッピングすることで，全体を俯瞰するとともに各モデルの特徴もより浮き彫りにすることができた。先行研究では種々の概念の概要，特徴等のリスト化はされてきたものの相対的な位置付けを明らかにしようとしたものは，ほとんど見うけられない。またVRICマップのポジショニングをより明確にでき，またその有用性についても深く検討することができた。

注
1　よく聞くフレーズであるが，もともとは統計学者George E. P. Boxの "Essentially, all models are wrong, but some are useful." から来たと思われる。
2　著者の知る範囲で，唯一，特定の軸で各ビジネスモデルをマッピングしようとしたものが井上（2012）の注（p. 235）で，①対象とする範囲，②要素の分解の度合いの２軸でいくつかのモデルを位置付けている。ただし，①の範囲は，戦略ロジックの構造と可視化の観点からは自ずとレンジが定まってこよう。

第7章

VRICマップの可能性と展望

　実務家の多くは，戦略ロジックを可視化するシンプルなフレームワーク/ツールを知りたいと思っているのではないだろうか。それに応えるVRICマップの提示を狙ったのが本書である。ただ，VRICマップはシンプルではあるが，それなりのマップを描くには，経験と知識が必要である。絵をうまく描くのに経験と絵の知識が必要であるのと同じである。その意味では，描く人とともに成長するマップでもある。

　さらに，VRICマップそれ自体も，同じ企業を対象としていても新たな情報やデータが得られれば，マップ自体が変化（進化）していく。

　VRICマップの可能性と展望については，今後，以下の検討を進めていきたい。

　第1に，第2章でも述べたがVRICマップの産業横断での適用可能性の検討である。本書で取り上げた事例には純粋なサービス業はないので，今後はサービス業の事例研究にも取り組み，VRICマップの産業横断での適用可能性を論証していきたい。

　第2に，戦略分析から，SWOT分析との組合せによる戦略策定ツールへの展開を検討したい。これは，現在の戦略論が抱える限界，つまり戦略の分析から策定へのギャップを埋める出発点になり得るものであり，実務家の期待に応えるものである。詳細は後述する。

129

第Ⅱ部　VRICマップの理論

　第3に，業績低迷企業の負のVRICマップ（差別化劣位／コスト劣位
に至る因果対応のメカニズム）への展開を検討していきたい。

　第4に，VRICマップの比較性を活用し，3つの収益性グループ（高
業績・平均・低業績企業）のVRIC各要素とその組合せ・関係性を定性
的に評価して，グループごとの特徴を見出すことを検討したい。たとえ
ば，高業績企業グループは，こういうIAを持ち，このIAとVPおよび
RMのつながりが強いケースが多いといったことである。VRICマップ
の前提は，Performance = f（V，R，I，C，W）である。ここで，Wは
Whole VRIC（VRICの組み合せ／つながり／全体像），である。ただし，
fは一律の関数（特定の数式）ではない。まずは，高業績企業グループ
について研究し，平均・低業績企業グループへ対象を拡大していきたい。

　以上4つは，VRICマップの新たな可能性の追求である。

　このように，VRICマップの可能性は多様で，大きく未来にひろがっ
ている。もし読者の方々にVRICマップを広く活用していただけるなら，
本マップは戦略ロジックを可視化し，その結果，「ビジネスシーンを変
えるマップ」となり得るのである。

　ここで，実務家にとって重要と考えられるVRICマップの可能性——
SWOT分析との組み合わせで分析・評価から策定へ——についてもう
少し詳しく述べておきたい。

　実務家の共通の疑問である「わが社はどう戦略を策定すればよいの
か」に答えるためには，VRICマップを戦略分析・評価のフレームワー
クにとどまらず，戦略策定のフレームワークとして機能させることが考
えられる。そのためには，VRICマップとSWOT分析のシミュレーショ
ンにひとつの可能性がある。

　SWOT分析は，内外の環境分析の手法であり，S・W（強み・弱み）

130

とO・T（機会・脅威）の組合せから戦略課題もしくは戦略代替案を抽出する一般的な手法である。ただしSWOT分析による戦略課題抽出は，あくまで抽象的な組合せで，それからどう具体的な戦略代替案（オプション）につなげるのかまでは明らかではない。もともとSWOT分析の難しさのひとつは，要素の定義区分が曖昧で，主観的，表面的になりやすいことである。すなわち，強み・弱みおよび脅威・機会は採る戦略や環境変化によりどちらにもなる可能性があり，またとらえ方による面もある。たとえば，高齢化は脅威か機会（成長セグメント）なのか，商店街にとってスーパー進出は脅威か機会（地域の集客力向上）なのか。また強みと機会，弱みと脅威の区分も曖昧で，解釈によりどちらにもなり得る。たとえば立地はプラスのときは強さなのか機会なのか，あるいはマイナスのときは弱さなのか脅威なのかなどである。要するに，SWOT分析は，環境分析結果を整理し，課題抽出をするには便利だが，そのままでは戦略の策定は容易ではない。そこで，一度SWOT分析の結果を踏まえて，有望と考えられる戦略のVRICマップを描き，しっかりとしたロジックが成り立つかどうか検証する。それから，SWOT分析の結果を入れ替えて，つまりSWOTの考え得る入れ替えシミュレーションを行い，それぞれVRICマップを描いてみる。最もしっかりとしたロジックが組み立てられるSWOTの要素とそのVRICマップが描く戦略を最終案とすることが考えられる。もちろん，それらが成り立つ前提条件や，戦略のリスクプロファイル（どこにどれだけのリスクがあるか）を明確にしておく必要はある（藤原，2011a）。

　淺羽・須藤（2007）は，SWOT分析・SWOTダイアグラム（SW・OTの組合せ）から具体的な戦略オプションを生み出す（戦略構想）ことの難しさを指摘し，いくつかの構想のヒント，すなわち「多様な組合

第Ⅱ部　VRICマップの理論

せを考える」，「深く考える」，「脅威を機会に」，「弱みを強みにできない
か考える」，「SWOTを最初から決めつけないでまず中立的に事象ととらえた上で評価する」などを提示している。これらを具体的に実施するためにも，VRICマップ上での思考のシミュレーションが有効であろう。たとえば，IAに対する強み・弱みの評価にかかわらず，既存のIAをVRICマップ上に置いてみて，機会や脅威としてのVPやCGにつなげられないか，つなげるとしたら，それに関わるRMは何かと考えてみる。これによって，机上でシミュレーションし，多様なロジックを考えることができる。たとえば，淺羽・須藤（2007）は，L. V. Gerstner Jr.（ルイス・ガースナー）によるIBM変革にかかわる戦略構想として，①機会と強みの組合せとして，ネットワーク社会の到来とIBMのメインフレーム（大型サーバー）および取引先上層部とのつながりという強みの活用，②弱みと脅威の組合せにおける戦略オプションとして，ロータスとチボリの買収による汎用ミドルウェア領域への進出，③脅威の中から新たな機会として，IBMの統合力を生かしたソリューションビジネス，をあげている。VRICマップの視点から見ると，①については，ネットワーク社会の大規模処理ニーズへのVP・CGと優れたメインフレームを生み出す組織能力というIA，②については，成長機会・VPとしての汎用ミドルウェア領域と買収による優れたミドルウェアを生み出す組織能力（IA）の獲得と，さらに買収を成功させるためのRM，③については統合ソリューションというVP・CGと統合力というIAの組合せ，として着想することが可能である。

　このようにVRICマップをSWOT分析と組み合わせることで，戦略オプションの思考シミュレーションを通じた多様なロジックの形成と選択，つまり戦略の策定のプロセスが可能である。もちろん，結果は構想する

132

人の能力に大きく依存するものの，白紙ベースで構想するよりは，出発点としてのテンプレートとしてVRICマップのポテンシャルは大きいと考えられる。何事も最初の一歩のハードルは高く，それを越えることが肝要であろう。もともとVRICマップは，戦略ロジックの評価・分析のフレームワークであるが，SWOT分析と組み合わせることで，戦略あるいは戦略ロジックの策定のひとつのフレームワークとしての有効性が期待できる。これは，現在の戦略論が抱える限界，つまり戦略の分析から策定へのギャップを埋める出発点になり得るものであり，実務家の期待に応えるものであると確信している。

　最後に，筆者の研究者としての課題は，VRICマップの有効性をさらに検証するために，マップによるロジックの合理的な説明の蓄積が欠かせないことである。したがって，VRICマップによるさらなる事例研究を積み重ねることで，フレームワーク・ツールとしてのVRICマップの説得力をさらに確認・向上させることが必要である。特に，分析対象の産業については，小売業，製造業の事例は積み重ねたので，純粋なサービス業の事例に取り組むことが必要であると考えている。

あとがき

　戦略ロジックの可視化は，筆者の10数年来の研究テーマである。大学の学部生時代はマーケティングのゼミに所属し，国際マーケティングを卒論のテーマとした。銀行入行後に派遣されたビジネススクールでは修士論文はなかったので書いていないが，マーケティングと戦略論のダブルメジャーであった。銀行に戻り，関心はマーケティングから戦略論に移っていった。成功する企業経営の全体像をつかみたいとの思いからであった。銀行員時代の終わりの方からはリスク管理の仕事をなりわいとするようになり，転職後も大学教員の世界に入るまでは，リスク管理で飯を食うことになった。このようなキャリアがVRICマップにも色濃く反映されている。VPはマーケティングの核心である，CGは銀行員の本能といって良いし，またビジネススクールで叩き込まれたキャッシュフローへの強いこだわりがある。RMはまさに上述のキャリアからのこだわりである。誤解を恐れずにいうならば，VRICマップは筆者の生き様そのものである。もしVRICマップが現実の世界で少しでも役に立つことができるとすれば，筆者の望外の喜びであり，筆者の人生もまんざら無駄ではなかったといえるかもしれない。

　本書は，まえがきで述べたように，筆者の博士論文をベースにしている。その博士論文で幸いにも，筆者は還暦ドクターとなることができた。長崎大学大学院の入学式で，新入生の保護者と間違えられたり，修了式で学長から「かなりお年をめした修了生がいらっしゃる」と話されたりしたほど，はたから見ると，いまさら何で博士号を取るために苦労するのかと見えたであろう。確かに，苦労して学位をとったところで，定年

135

までそう長くはない。しかし，専門性の高い業界には，求められる資格等があり，それを取るのが職業人としての矜持だと筆者は考えている。大学教員の世界では，それは博士号であると筆者個人は考え，苦労は覚悟の上，ようやく手にした次第である。その博士論文をベースにVRICマップを世に問いたいと考え，書籍化をした。

　経営学の世界には，経路依存性（Path Dependency）ということばがある。意味は，現在の企業の姿は，過去にその企業が歩んできた道に大きな影響を受けるということである。人も同じである。良くも悪くも人はそれまで歩んできた人生の呪縛から逃れることはできない。問題はそれをどう活かすかであろう。もし筆者がこのようなキャリアを歩まなければ，VRICマップは生まれることは無かったのである。

　最後に何よりも，本書を読んでくださった皆さんに，心から御礼を申し上げたい。

藤原　武

参考文献

【文献】

Aaker, D.A.(2001) *Developing Business Strategies*, New York, NY: John Wiley & Sons（今枝昌宏訳『戦略立案ハンドブック』東洋経済新報社，2002年）.

Abell, D. F. and Hammond, J. S.(1979) *Strategic Market Planning : Problems and Analytical Approaches*, Englewood Cliffs, NJ: Prentice-Hall（片岡一郎・古川公成・滝沢茂・嶋口充輝・和田充夫訳『戦略市場計画』ダイヤモンド社，1982年）.

Barney, J. B.(1991) Firm Resources and Sustained Competitive Advantage, *Journal of Management*, Vol. 17, No. 1, pp. 99-120.

Barney, J. B.(2002) *Gaining and Sustaining Competitive Advantage*, (2nd ed.), Upper Saddle River, NJ: Pearson Education（岡田正大訳『企業戦略論：競争優位の構築と持続（上）基本編』『同（中）事業戦略編』『同（下）全社戦略編』ダイヤモンド社，2003年）.

Brandenburger, A. M. and Nalebuff, B. J. (1996) *Co-opetition*, New York, NY: Currency（嶋津祐一・東田啓作訳『コーペティション経営：ゲーム論がビジネスを変える』日本経済新聞社，1997年）.

Brandenburger, A. M. and Stuart, Jr., H. W.(1996) Value-based Business Strategy, *Journal of Economics & Management Strategy*, Vol. 5, No. 1, pp. 5-24.

Collins, J. C. and Porras, J. I. (1994) *Built to Last: Successful Habits of Visionary Companies*, New York, NY : Harper *Business*（山岡洋一訳『ビジョナリー・カンパニー：時代を超える生存の原則』日経BP出版センター，1995年）

Collis, D. J. and Montogomery, C.A.(1998) *Corporate Strategy: A Resource-Based Approach*, Boston, MA: Irwin/ McGraw-Hill（根来龍之・蛭田啓・久保亮一訳『資源ベースの経営戦略論』東洋経済新報社，2004年）.

Finkelstein, S.(2003) *Why Smart Executives Fail: And What You Can Learn from Their Mistakes*, New York, NY: Portfolio（橋口寛監訳，酒井泰介訳『名経営者が，なぜ失敗するのか？』日経BP社，2004年）.

Hamel, G. and Prahalad C. K. (1994) *Competing for the Future*, Boston, MA: Harvard Business School Press（一條和生訳『コア・コンピタンス経営：未来への競争戦略』日本経済新聞社，1995年）.

Hitt, M. A., Ireland, D., and Hoskisson, R. E. (2009) *Strategic Management: Competitiveness and Globalization, Concepts* (8th ed.), Mason, OH: South-Western Cengage Learning（久原正治・横山寛美監訳『戦略経営論：競争力とグローバリゼーション』センゲージラーニング，2010年）.

Johnson, M. W.(2010) *Seizing the White Space*, Boston, MA: Harvard Business Press（池村千秋訳『ホワイトスペース戦略：ビジネスモデルの〈空白〉をねらえ』阪急

コミュニケーションズ，2011年).

Johnson, M. W., Christensen, C. M., and Kagermann, H.(2008) Reinventing Your Business Model, *Harvard Business Review*, Vol. 86, No. 12 , pp. 50-59(関美和訳「ビジネスモデル・イノベーションの原則」『DIAMOND ハーバード・ビジネス・レビュー』2009年4月，pp. 40-56).

Kaplan, R. and Norton, D.(2004) *Strategy Maps*, Boston, MA: Harvard Business School Press(櫻井通晴・伊藤和憲・長谷川憲一監訳『戦略マップ：バランスト・スコアカードの新・戦略実行フレームワーク』ランダムハウス講談社，2005年).

Kim, W.C. and Mauborgne, R.(2005) *Blue Ocean Strategy: How to Create Uncontested Market Space and Make the Competition Irrelevant*, Boston, MA. : Harvard Business School Press(有賀裕子訳『ブルー・オーシャン戦略：競争のない世界を創造する』ランダムハウス講談社，2005年)

Kotler, P.(1997) *Marketing Management* (9th ed.), Upper Saddle River, NJ: Prentice-Hall.

Kotler, P. and Keller, K. L.(2006) *Marketing Management* (12th ed.), Upper Saddle River, NJ: Pearson Education.

Magretta, J.(2002) Why Business Models Matter, *Harvard Business Review*, Vol. 80, No. 5, pp. 86-92(村井章子訳「ビジネスモデルの正しい定義」『DIAMOND ハーバード・ビジネス・レビュー』2011年8月，pp. 126-138).

Masanell, R. and Ricart, J. (2011) How to Design A Winning Business Model, *Harvard Business Review*, Vol. 89, No. 1/2, pp. 100-107(中島聡子訳「優れたビジネスモデルは好循環を生み出す」『DIAMOND ハーバード・ビジネス・レビュー』2011年8月，pp.24-37).

McGahan, A. M. and Porter, M. E.(1997) How Much Does Industry Matter, Really? *Strategic Management Journal*, Vol. 18, Summer Special Issue, pp. 15-30.

Mintzberg, H., Ahlstrand, B. and Lampel, J., (1998) *Strategy Safari : A Guided Tour through the Wilds of Strategic Management*, New York, NY : Free Press(齋藤嘉則監訳，木村充・奥澤朋美・山口あけも訳『戦略サファリ：戦略マネジメント・ガイドブック』東洋経済新報社，1999年)

Mintzberg, H. and Waters, J. A.(1985) Of Strategies, Deliberate and Emergent, *Strategic Management Journal*, Vol. 6, No. 3, pp. 257-272.

Nonaka, I. and Takeuchi, H. (1995) *The Knowledge-Creating Company : How Japanese Companies Create the Dynamics of Innovation*, Oxford : Oxford University Press(梅本勝博訳『知識創造企業』東洋経済新報社，1996年)

Osterwalder, A. and Pigneur, Y.(2010) *Business Model Generation : A Handbook for Visionaries, Game Changers*, and Challengers, New York, NY: John Wiley & Sons(小山龍介訳『ビジネスモデル・ジェネレーション：ビジネスモデル設計書』翔泳社，2012年).

Peters, T. J. and Waterman, R. H.(1982) *In Search of Excellence : Lessons from*

America's Best-run Companies, New York, NY : Harper and Row（大前研一訳『エクセレントカンパニー：超優良企業の条件』講談社，1983年）

Porter, M. E.(1980) *Competitive Strategy,* New York, NY: Free Press（土岐坤・中辻萬治・小野寺武夫訳『競争の戦略』ダイヤモンド社，1982年）.

Porter, M. E.(1998) *On Competition,* Boston, MA: Harvard Business School Press（竹内弘高訳『競争戦略論Ⅰ』『競争戦略論Ⅱ』ダイヤモンド社，1999年）.

Prahalad, C. K. and Hamel G.(1990) The Core Competence of the Corporation, *Harvard Business Review,* Vol. 68, No. 3, pp. 79-91.

Rosenzweig, P.(2007) *The Halo Effect,* New York, NY: Free Press（桃井緑美子訳『なぜビジネス書は間違うのか：ハロー効果という妄想』日経BP社，2008年）

Rumelt, R. P.(1991) How Much Does Industry Matter? *Strategic Management Journal,* Vol. 12, No. 3, pp. 167-185.

Saloner, G., Shepard, A., and Podolny, J.(2001) *Strategic Management,* New York, NY: John Wiley & Sons（石倉洋子訳『戦略経営論』東洋経済新報社，2002年，pp. 27-28）.

Sheth, J. N.(2007) *The Self-Destructive Habits of Good Companies: And How to Break Them,* Upper Saddle River, NJ: Wharton School Publishing（スカイライトコンサルティング訳『自滅する企業：エクセレント・カンパニーを蝕む7つの習慣病』英治出版，2008年）.

Treacy, M. and Wiersema, F.(1995) *The Discipline of Market Leaders,* Reading, MA: Addison-Wesley（大原進訳『ナンバーワン企業の法則：勝者が選んだポジショニング』日本経済新聞社，2003年）.

Zott, C., Amit, R., and Massa, L.(2011) The Business Model: Recent Developments and Future Research, *Journal of Management,* Vol.37 No.4, pp. 1019-1042.

青島矢一・加藤俊彦（2012）『競争戦略論（第2版）』東洋経済新報社.

淺羽茂（2009）「戦略構想プロセスの研究・教育の必要性」『組織科学』第42巻第3号，pp.48-58.

淺羽茂・牛島辰男（2010）『経営戦略をつかむ』有斐閣.

淺羽茂・須藤実和（2007）『企業戦略を考える』日本経済新聞出版社.

石井淳蔵・奥村昭博・加護野忠男・野中郁次郎（1996）『経営戦略論（新版）』有斐閣.

石原武政・竹村正明編著（2008）『1からの流通論』碩学舎.

伊丹敬之（1984）『新・経営戦略の論理』日本経済新聞社.

伊丹敬之（2003）『経営戦略の論理（第3版）』日本経済新聞社.

伊丹敬之（2012）『経営戦略の論理（第4版）』日本経済新聞出版社.

伊丹敬之・伊藤邦雄・沼上幹・小川英治（2002）『一橋大学ビジネススクール 知的武装講座』プレジデント社.

伊丹敬之・加護野忠男（2003）『ゼミナール 経営学入門（第3版）』日本経済新聞社.

井上達彦（2006）『収益エンジンの論理：技術を収益化する仕組みづくり』白桃書房.

井上達彦（2012）『模倣の経営学：偉大なる会社はマネから生まれる』日経BP社.

井上礼之（2008）『私の履歴書「基軸は人」を貫いて』日本経済新聞出版社.

井上礼之（2011）『私の履歴書　人の力を信じて世界へ』日本経済新聞出版社.

井上礼之（2013）『世界で勝てるヒト，モノづくり：「実行に次ぐ実行」が会社を鍛える』日経BP社.

入山章栄（2014）「世界標準の経営理論　第3回SCP理論②　ポーターのフレームワークを覚えるよりも大切なこと」『DIAMOND　ハーバード・ビジネス・レビュー』2014年11月，pp. 126-137.

入山章栄（2015a）「世界標準の経営理論　第5回競争の型を見極める重要性　「ポーターVS. バーニー論争」に決着はついている」『DIAMOND　ハーバード・ビジネス・ビジネス・レビュー』2015年1月，pp. 144-152.

入山章栄（2015b）「世界標準の経営理論　第12回リアル・オプション理論　『不確実性を恐れない』状況は，みずからの手でつくり出せる」『DIAMOND　ハーバード・ビジネス・レビュー』2015年8月，pp. 124-135.

加護野忠男・井上達彦（2004）『事業システム戦略』有斐閣.

加藤俊彦（2014）『競争戦略』日本経済新聞出版社.

川上昌直（2007）「戦略リスクのマネジメント：経営戦略にもとづく体系的研究の必要性」『福島大学地域創造』第19巻第1号，pp.61-75.

川上昌直（2011）『ビジネスモデルのグランドデザイン：顧客価値と利益の共創』中央経済社.

楠木建（2010）『ストーリーとしての競争戦略』東洋経済新報社.

齊藤孝浩（2014）『ユニクロ対ZARA』日本経済新聞出版社.

坂下昭宣（2000）『経営学への招待（改訂版）』白桃書房.

張輝（2012）「ビジネスモデルの定義及び構造化に関する序説的考察」『立教DBAジャーナル』第2号，pp.19-36.

月泉博（2006）『ユニクロVSしまむら：専門店2大巨頭圧勝の方程式』日本経済新聞社.

月泉博（2015）『ユニクロ　世界一をつかむ経営』日本経済新聞出版社.

長瀬勝彦（2008）『意思決定のマネジメント』東洋経済新報社，pp. 23-35, 108-110.

日本経済新聞社編（2004）『キヤノン式　高収益を生み出す和魂洋才経営』日本経済新聞社.

沼上幹（2006）「間接経営戦略への招待」伊丹敬之他編『リーディングス　日本の企業システム第Ⅱ期　第3巻　戦略とイノベーション』有斐閣，p. 43.

沼上幹（2009）『経営戦略の思考法』日本経済新聞出版社.

野中郁次郎（1990）『知識創造の経営：日本企業のエピステモロジー』日本経済新聞社.

藤原武（2007）「戦略経営モデルのフードサービス企業への適用：VRICマップによる考察」『日本フードサービス学会年報』第12号，pp. 70-79.

藤原武（2008）「価値進歩ベースの事業戦略：VRICCEDモデルからの事業戦略再考」

『滋賀女子短期大学研究紀要』第33号，pp. 109-122.

藤原武（2009）「組織学習のための戦略経営レビュー：戦略ロジック・レビューを中心として」『滋賀女子短期大学研究紀要』第34号，pp. 33-46.

藤原武（2011a）「戦略ロジックの構造とその可視化：VRICマップによる考察を中心として」『滋賀短期大学研究紀要』第36号，pp. 79-91.

藤原武（2011b）「戦略ロジックにおけるリスクマネジメントの重要性」『近畿大学産業理工学部研究報告』第15号，pp. 28-36.

藤原武（2013a）「戦略ロジックへのアプローチ方法の相対位置」『近畿大学産業理工学部経営ビジネス学科研究論文集』第3号，pp.1-18.

藤原武（2013b）「戦略ロジック可視化のフレームワーク」『近畿大学産業理工学部研究報告』第19号，pp. 6-15.

藤原武（2014）「戦略ロジックの可視化：しまむらとポイントの事例」『九州経済学会年報』第52集，pp. 151-159.

藤原武（2015）「VRICマップの競争戦略論における位置」『長崎大学大学院経済学研究科研究論集』第10号，pp. 65-80.

藤原武（2016）「VRICマップによる戦略ロジックの可視化：国内空調機器メーカー2社の事例」『日本経営診断学会論集』第15号，pp.54-59

三品和広（2009）「特集『実学的戦略論のニューフロンティア』に寄せて」『組織科学』第42巻第3号，pp. 2-3.

三品和広（2010）『戦略暴走』東洋経済新報社.

柳井正（2015）『経営者になるためのノート』PHP研究所.

山田英夫（2012）『なぜ，あの会社は儲かるのか？ビジネスモデル編』日本経済新聞出版社.

【資料等】

NHK「NHKスペシャル　長寿企業大国にっぽん」（2007年6月18日放送）

NHK「ビジネス未来人」（2007年6月10日放送）

朝日新聞（2009）「フロントランナー　ポイント社長　石井稔晃さん（49歳）等身大のブランドで夢実現」『be on Saturday』2009年10月10日付朝刊p.b1，p.b3.

株式会社しまむら「ホームページ」http://www.shimamura.gr.jp　（2012年11月30日アクセス）.

株式会社しまむら「有価証券報告書」（平成21年2月期，22年2月期，23年2月期，24年2月期，25年2月期）.

株式会社しまむら　しまむらグループの物流部門「The Retail Technology Edited by Shimamura Logistics Division」パンフレット.

株式会社ハニーズ「ホームページ」http://www.honeys.co.jp（2013年8月26日アクセス）.

株式会社ハニーズ「有価証券報告書」（平成18年5月期，19年5月期，20年5月期，21年5月期，22年5月期，23年5月期）.

株式会社ファーストリテイリング「ホームページ」http://www.fastretailing.com（2013年8月28日アクセス）.

株式会社ファーストリテイリング「有価証券報告書」（平成20年8月期，21年8月期，22年8月期，23年8月期，24年8月期）.

株式会社ポイント「ホームページ」http://www.point.co.jp（2013年10月2日アクセス）.

株式会社ポイント「有価証券報告書」（平成21年2月期，22年2月期，23年2月期，24年2月期，25年2月期）.

シャープ株式会社「SHARPアニュアルレポート2005」

ダイキン工業株式会社「ホームページ」http://www.daikin.co.jp（2014年5月17日アクセス）.

ダイキン工業株式会社「有価証券報告書」（2010年3月期，2011年3月期，2012年3月期，2013年3月期，2014年3月期）.

日経ビジネス（1999）「ローコスト経営は自前主義が生む店舗，物流…試行重ね仕組み構築　藤原秀次郎氏［しまむら社長］　編集長インタビュー」『日経ビジネス』（1999.1.25）pp.72-74.

日経ビジネス（2006）「小売のトヨタ　しまむら流　社員も楽しむ究極の効率経営」『日経ビジネス』（2006.5.22）pp.30-47.

日経ビジネス（2009）「ユニクロ　柳井イズムはトヨタを超えるか」『日経ビジネス』（2009.6.1）pp.26-41.

日経ビジネス（2013）「社長は"根回し係"でいい　野中正人氏（しまむら社長）編集長インタビュー」『日経ビジネス』（2013.4.15）pp. 94-97.

日本経済新聞（2009）「逆風下の健闘企業③　ポイント　商品・ブランドを『高速回転』」2009年2月27日付朝刊，p. 13.

一橋大学大学院国際企業戦略科「ポーター賞」運営委員会「授賞理由　①株式会社ファーストリテイリング　ユニクロ事業　②株式会社ポイント」http://www.porterprize.org　（2009年12月アクセス）.

藤原秀次郎（2005）「第7回企業家賞記念講演：『デイリーファッション革命　しまむらの挑戦』しまむら　藤原秀次郎会長」『ベンチャー起業のためのメディア』．http://kigyoka.com/public/kigyokaprize/speech07_2.jsp（2013年10月2日アクセス）.

事項索引

【欧・数】

2次元マッピング・・・・・・・・・・・・・ 121, 125
3次元定義・・・・・・・・・・・・・・・・・・・・・76
3次元マッピング・・・・・・・ 123, 125, 126
5フォースモデル・・・・・・・・・・・・・・・ 102
JCKモデル・・・・・・・ 93, 98, 107, 122
MRモデル・・・・・・・・・・・・・・・・・・・・ 123
P-VAR分析・・・・・・・・・・・・ 92, 97, 123
RM・・・・・・・・・・・・・・・・・・・・・・ 111, 112
RRCのトライアングル・・・・・・・・ 11, 82
SD・・・・・・・・・・・・・・・・・・・・・・・ 77, 79
SPA・・・・・・・・・・・・・・・ 14, 41, 42, 48
SWOT分析・・・・・・・ 96, 106, 107, 130
Type I（基本形）・・・・・・・・・・・・・・・・ 4
Type II（フロー型）・・・・・・・・・・・・ 4, 5
VRINフレームワーク・・・・・・・・・・・・ 102
WTP・・・・・・・・・・・・・・・・・・・・・・・・・75

【あ】

粗利益率・・・・・・・・・・・・・・・・・・・ 33, 44
暗黙知・・・・・・・・・・・・・・・・・・・・・・・ 103
イノベーション・・・・・・・・・・・・・・・・・42
因果対応・・・・・・・ 3, 4, 6, 16, 31, 40, 58, 63
因果対応のネットワーク・・・ 47, 51, 64, 65
ウォーターフォール・アプローチ・・・ 118
売上構成比・・・・・・・・・・・・・・・・・・・・・79
売上高営業利益率・・・・・・・・・・・・ 33, 79
売れ残りリスク・・・・・・・・・・・・・・・・・44
オペレーショナル・エクセレンス・・・・35

【か】

階層性・・・・・・・・・・・・・・・・・・・ 109, 112
概念レンズ・・・・・・・・・・ 16, 21, 65, 112
概要設計・・・・・・・・・・・・・・・・・・・・・ 119
課金方法・・・・・・・・・・・・・・・・・・・ 79, 81
加護野モデル・・・・・・・・・・・・・・・・・・ 123
可視化の試み・・・・・・・・・・・ 21, 109, 112
価値提案・・・・・・・・・・・・・・・・・・ 3, 6, 8
活動システムマップ・・・・ 91, 95, 106, 123

【か】(続き)

カテゴリー化・・・・・・・・・・ 88, 95, 97, 114
川上モデル・・・・・・・・・・・・・・・・・・・ 122
簡潔性・網羅性・・・・・・・・・・・・・・・・・ 121
間接的なSD・・・・・・・・・・・・・・・・・・・・81
完全買取制・・・・・・・・・・・・・・・・・・ 35, 36
企業の視点・・・・・・・・・・・・・・・・・・ 6, 115
企業文化・・・・・・・・・・ 41, 49, 51, 56, 57
技術のブラックボックス化・・・・・・・・・57
機能的定義・・・・・・・・・・・・・・・・・ 16, 112
規模の経済・・・・・ 38, 43, 44, 46, 61, 80
基本計画・・・・・・・・・・・・・・・・・・・・・ 119
キャッシュ・ジェネレーター・・・ 3, 6, 7, 9, 73, 74
キャッシュフロー・・・・・・・・・・・・・・・・10
競争空間・・・・・・・・・・・・・・・・・・・・・・20
競争戦略論・・・・・・・・・・・・・・・・ 101, 102
競争ドメイン・・・・・・・・・・・・・・・・・・・76
競争優位・・・・・・・・・・・・・・・・ 3, 13, 76
競争優位可視化・・・・・・・・・・・・・・・・・・3
競争優位の源泉・・・・・・・・・・・・・・ 10, 76
競争劣位・・・・・・・・・・・・・・・・・・・・・・87
共同開発・・・・・・・・・・・・・・・・・・・・・・42
経営資源・・・・・・・・・・・・・・・・・・・・・ 115
経験曲線効果・・・・・・・・・・・・・・・・・・・80
形式知・・・・・・・・・・・・・・・・・・・・・・・ 103
ゲーム理論・・・・・・・・・・・・・・・・・・・ 102
現象・・・・・・・・・・・・・・・・・・・・・・ 20, 31
コア・コンピタンス・・・・・・・・・・ 10, 102
コアの硬直性・・・・・・・・・・・・・・・・・・・10
高精度MD能力・・・・・・・・・・・・・・・・・・49
高度な矛盾のマネジメント・・・・ 55, 56, 57, 59
顧客価値・・・・・・・・・・・・・・・・・・・ 8, 75
顧客の視点・・・・・・・・・・・・・・・・・・ 6, 115
顧客ベネフィット・・・・・・・・・・・・・・・・75
コスト優位・・・・・・・・・ 38, 42, 46, 74, 76, 79
コスト優位のドライバー・・・・・・・・・・・80
コストリーダーシップ・・・・・・・・・・・・・42
個別要素の対応・・・・・・・・・・・・・ 108, 112
コンテクスト（文脈）・・・・・・・・・・・・・86

コンテクスト依存‥‥‥‥‥‥‥85
コントローラー制‥‥‥‥‥‥‥35
コンパイル‥‥‥‥‥‥‥‥‥96

【さ】

財務分析‥‥‥‥‥‥‥‥‥‥15
差別化‥‥‥‥‥‥‥‥‥‥‥42
差別化優位‥‥42, 45, 50, 62, 63, 74, 76, 79
差別化優位のドライバー‥‥‥‥80
事業システム分析の基本テンプレート
‥‥‥‥‥‥‥‥‥‥‥92, 97
事業戦略‥‥‥‥‥‥‥‥‥‥15
資源アプローチ‥‥‥‥16, 17, 102, 105,
　106, 111, 113
持続的損失‥‥‥‥‥‥‥‥‥87
失敗要因‥‥‥‥‥‥‥82, 83, 84
しまむら‥‥‥‥‥‥32, 35, 36, 40
収益エンジン‥‥‥‥‥‥‥64, 97
重層構造‥‥‥‥‥‥‥‥20, 31
重層構造・現象面‥‥‥‥‥40, 65
詳細設計‥‥‥‥‥‥‥‥‥120
少品種大量発 注‥‥‥‥‥‥‥43
情報的資産‥‥‥‥‥‥‥‥‥13
スピードの経済‥‥‥‥‥‥‥80
スローファッション‥‥‥‥‥44
成功要因‥‥‥‥‥‥‥82, 83, 84
生産システム（PDS）‥‥‥‥‥54
生産者‥‥‥‥‥‥‥‥‥‥103
製品・市場セグメント‥‥‥‥77, 78
先行概念‥‥‥‥‥‥‥16, 101, 102
先行研究‥‥‥‥‥‥‥‥91, 95
全社戦略‥‥‥‥‥‥‥‥‥15
戦略形成要因‥‥‥‥‥‥‥77
戦略策定‥‥‥‥‥‥‥‥‥17
戦略ストーリー‥‥‥92, 96, 106, 123
戦略的ポジショニング‥‥‥5, 7, 32, 41,
　48, 105
戦略分析ツール‥‥‥‥‥‥113
戦略暴走‥‥‥‥‥‥‥‥‥86
戦略マップ‥‥‥‥‥92, 95, 106, 123
戦略ロジック‥‥‥‥‥‥‥3, 95
相対位置化（マッピング）‥‥‥117
相対的な位置付け（ポジショニング）
‥‥‥‥‥‥‥‥‥‥‥‥117

創発戦略‥‥‥‥‥‥‥‥‥103

【た】

多重利用‥‥‥‥‥‥‥‥‥64
棚卸資産回転率‥‥‥‥‥33, 49
知識創造モデル‥‥‥‥‥‥103
デイリーファッション‥‥‥‥35
テスト‥‥‥‥‥‥‥‥‥‥120
テンプレート化‥‥‥‥88, 95-97, 114
統合戦略‥‥‥‥‥‥‥‥‥42
等身大のマーチャンダイジング‥‥48
特殊解‥‥‥‥‥‥‥‥‥‥86

【な】

値下げロス率‥‥‥‥‥‥‥35
ネットワーク‥‥‥‥‥‥58, 63

【は】

ハイサイクル生産‥‥‥‥‥‥54
ハイリスク・ハイリターン‥‥‥73
ハニーズ‥‥‥‥‥‥‥‥25, 30
バランスト・スコアカード‥‥‥92, 96
バリュー・ドライバー‥‥‥‥81
バリューネット‥‥‥‥‥‥102
範囲の経済‥‥‥‥‥‥‥61, 80
販売管理比率（販管比率）‥‥33, 36
比較性‥‥‥‥‥‥‥‥110, 112
ビジネスシステム‥‥‥‥8, 77, 79
ビジネスデザイン‥‥‥9, 12, 46, 51
ビジネスモデル‥‥‥‥‥93, 94
ビジネスモデル・キャンバス‥‥94, 98,
　107, 122
ファッションカジュアル‥‥‥‥48
物理的定義‥‥‥‥‥‥‥16, 112
物流コスト‥‥‥‥‥‥‥‥36
物流システム‥‥‥‥‥‥‥35
物流センター‥‥‥‥‥‥35, 50
プログラミング‥‥‥‥‥‥120
プログラム設計‥‥‥‥‥‥120
ベーシックカジュアル‥‥‥‥41
ポイント‥‥‥‥‥‥‥32, 48, 49
補完財‥‥‥‥‥‥‥‥‥‥103
ポジショニング・アプローチ‥‥16, 17,
　105, 106, 111, 113

144

ポジショニング・ビュー…………… 101

【ま】

マニュアル……………………………35
見えざる資産……………………… 9, 103
無形資産…………………………3, 6, 7, 9
メカニズム解明型………………… 122
網羅性………………………………… 109
模倣困難性………………………… 115

【や】

ユニクロ………………… 32, 41-45, 47
要因列挙型………………………… 121

【ら】

リーダーシップ………………… 44, 53, 57
リードタイム……………………… 48, 49
利益貢献度……………………………79
リスクプロファイル…………… 87, 131
リスクマネジメント…… 4, 6, 8, 10, 43, 73
リソース・ベースト・ビュー……… 101

145

人名索引

【欧文】

Ahlstrand, B. ·································· 101
Amit, R. ································· 93, 94
Barney, J. B. ····························· 102
Brandenburger, A. M. ············· 75, 102
Christensen, C. M.········ 6, 93, 98, 107,
115, 119
Finkelstein, S. ·····························86
Gerstner, L. ······························ 132
Hamel, G. ······························· 102
Johnson, M. W.·····6, 93, 98, 107, 115, 119
Kagermann, H.·····6, 93, 98, 107, 115, 119
Kaplan, R. ··················· 9, 92, 95, 106
Lampel, J. ······························· 101
Masanell, R.··················· 94, 98, 119
Massa, L. ································· 93, 94
McGahan, A. M. ·························· 106
Mintzberg, H. ····················· 101, 103
Nalebuff, B. J. ··························· 102
Nonaka, I. ······························· 103
Norton, D. ···················· 9, 92, 95, 106
Osterwalder, A. ············ 6, 94, 98, 107
Pigneur, Y.················· 6, 94, 98, 107
Podolny, J.······························ iv, 82
Porter, M. E. ······· vii, 91, 92, 95, 102, 103,
106
Prahalad, C. K. ·························· 102
Ricart, J. ························· 94, 98, 119
Rosenzweig, P.·····························83
Rumelt, R. P. ···························· 106
Saloner, G.······························ iv, 82
Shepard, A. ····························· iv, 82
Sheth, Jr., J. N.·····························86
Stuart, Jr., H. W. ··························75
Takeuchi, H.····························· 103
Treacy, M. ······························· 119
Waters, J. A. ····························· 103
Wiersema, F. ···························· 119
Zott, C. ·································· 93, 94

【和文】

青島矢一···························· 103-105
淺羽茂····· iv，v，74, 80, 82, 83, 131, 132
石井稔晃·································48
石原武政·································78
伊丹敬之···················· 9, 10, 76, 103
井上達彦···················· 92, 97, 119
井上礼之·································59
牛島辰男··············· iv，v，74, 80, 82
加護野忠男················ 76, 92, 97, 119
加藤俊彦··················· 81, 103-105
川上昌直····· 5, 75, 81, 93, 94, 98, 119, 120
楠木建············· iv, 38, 82, 92, 96, 106
須藤実和····························· 131, 132
竹村正明·································78
テイラー，F.·····························23
長瀬勝彦·································83
沼上幹····· iv, 82, 83, 101, 102, 122
ファヨール，H.·····························23
藤原武····· 6, 77, 78, 85, 105, 106, 131
三品和広·································86
柳井正·································42

▨著者紹介

藤原　武 [ふじわら たけし]

1956 年	広島市に生まれる
1978 年	一橋大学商学部卒業
1983 年	米国ノースウェスタン大学経営大学院修士課程 修了　経営学修士（MBA）
2016 年	長崎大学大学院経済学研究科博士後期課程 修了　博士（経営学）
現 在	近畿大学産業理工学部経営ビジネス学科　教授

株式会社富士銀行，KPMG ビジネスアシュアランス株式会社，株式会社大和総研等を経て，2011 年より現職

受　　賞：2016 年 長崎大学大学院経済学研究科長賞
　　　　　2016 年 日本経営診断学会 学会賞（研究奨励賞）

専門分野：経営戦略論，経営管理論

主要著書・論文：
『経営行動科学ハンドブック』（中央経済社，共著，2011 年）
「戦略ロジック可視化のフレームワーク」『近畿大学産業理工学部研究報告』第 19 号，2013 年
「戦略ロジックの可視化：しまむらとポイントの事例」『九州経済学会年報』第 52 集，2014 年
「VRIC マップによる戦略ロジックの可視化：国内空調機器メーカー 2 社の事例」『日本経営診断学会論集』第 15 号，2016 年

▨VRICマップ〔ブリック〕
―― 競争優位のロジックを可視化する

▨発行日―― 2018 年11月16日　初 版 発 行　　　　　　〈検印省略〉

▨著　者――藤原　武〔ふじわら たけし〕

▨発行者――大矢栄一郎

▨発行所――株式会社 白桃書房〔はくとうしょぼう〕

〒101-0021　東京都千代田区外神田 5-1-15
☎03-3836-4781　⒡03-3836-9370　振替 00100-4-20192
http://www.hakutou.co.jp/

▨印刷・製本――藤原印刷株式会社

© Takeshi Fujiwara 2018　　　Printed in Japan

ISBN 978-4-561-24713-5 C3034
本書のコピー，スキャン，デジタル化等の無断複製は著作権法上での例外を除き禁じられています。本書を代行業者等の第三者に依頼してスキャンやデジタル化することは，たとえ個人や家庭内の利用であっても著作権法上認められておりません。

JCOPY 〈(社)出版者著作権管理機構 委託出版物〉
本書の無断複写は著作権法上での例外を除き禁じられています。複写される場合は，そのつど事前に，(社)出版者著作権管理機構（電話 03-3513-6969，FAX 03-3513-6979，e-mail：info@jcopy.or.jp）の許諾を得てください。
落丁本・乱丁本はおとりかえいたします。

好 評 書

イノベーション・ドライバーズ
――IoT時代をリードする競争力構築の方法
氏家 豊著

複数の企業・団体が協働することで実現するオープンイノベーションの具体論を，様々なアクターの立場を踏まえて記述。強みを生かし弱みを補強するエコシステムの形成を新たな事業展開に結び付ける戦略を提示する。　　　　　　本体価格 3000 円

製品開発と市場創造
――技術の社会的形成アプローチによる探求
宮尾 学著

コモディティ化の罠から逃れるために，新製品による市場創造の重要性が増している。本書は「技術の社会的形成アプローチ」を用い，技術マネジメント領域とマーケティング領域の架橋を目指す。　　　　　　　　　　　　　　本体価格 3800 円

アフターマーケット戦略
――コモディティ化を防ぐコマツのソリューション・ビジネス
倉重光宏・平野真監修　長内厚・榊原清則編著

保守サービスを「アフターマーケット・ビジネス」と位置付け，プロフィットセンターとするコマツ。本書はコマツの事例を中心に，製品を販売した後のサービス・ビジネスを分析。その秘密に迫る！　　　　　　　　　　　　　　　本体価格 1895 円

経営者と研究開発
――画期的新薬創出の実証研究
栗原道明著

企業の研究開発における経営者の意思決定について，オーラルヒストリーの手法を用いて，実際に製薬会社に身を置く筆者が研究した「不確実性下における」「価値判断」を追究。
　　　　　　　　　　　　　　　　　　　　本体価格 3800 円

白桃書房

本広告の価格は税抜き価格です。別途消費税がかかります。